U0948765

教育部人文社会科学研究青年基金项目（14YJC790020）
中国博士后科学基金资助项目（2014M560199）

制度质量、包容性金融发展与减贫的关系研究

崔艳娟◎著

Research on the Relationship between Institutional Quality Inclusive Financial Development and Poverty Alleviation

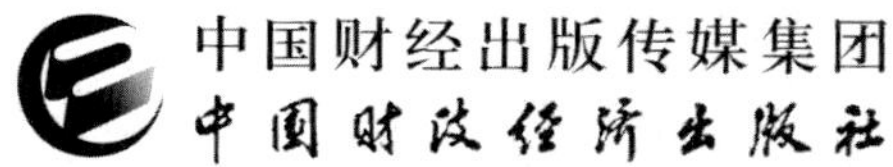

图书在版编目（CIP）数据

制度质量、包容性金融发展与减贫的关系研究／崔艳娟著．—北京：中国财政经济出版社，2018.3

ISBN 978－7－5095－7949－7

Ⅰ.①制…　Ⅱ.①崔…　Ⅲ.①金融业－经济发展－关系－扶贫－研究－中国　Ⅳ.①F832②F126

中国版本图书馆CIP数据核字（2017）第324641号

责任编辑：卢元孝　段　钢　　　　责任印制：杨　军
美　　编：孙俪铭　　　　　　　　责任校对：张　凡

中国财政经济出版社 出版

URL：http：//www.cfeph.cn

E－mail：cfeph @ cfeph.cn

社址：北京市海淀区阜成路甲28号　邮政编码：100142

营销中心电话：010－88191537　北京财经书店电话：64033436　84041336

北京财经印刷厂印刷　各地新华书店经销

710×1000毫米　16开　12.5印张　220 000字

2018年3月第1版　2018年3月北京第1次印刷

定价：58.00元

ISBN 978－7－5095－7949－7

（图书出现印装问题，本社负责调换）

本社质量投诉电话：010－88190744

打击盗版举报热线：010－88191661、QQ：2242791300

前　言

习近平总书记在党的十九大报告中指出“脱贫攻坚战取得决定性进展，六千多万贫困人口稳定脱贫，贫困发生率从百分之十点二下降到百分之四以下”。我国的贫困减缓工作取得了巨大成就。这与我国以往实施的改革式扶贫、开发式扶贫、“八七”扶贫攻坚计划、综合扶贫、转型式扶贫，以及当前的精准扶贫政策和措施密不可分。经过大规模的实践，我国逐步总结了一套适合我国国情的扶贫开发经验，并在国际社会得到高度赞誉。这其中金融减贫的作用不可忽视，从早期的贴息贷款、小额信贷、保险等到当前的包容性金融发展，在贫困减缓中发挥了重要作用。

包容性金融发展是指金融机构在可持续发展的前提下，以可承担的成本提高贫困群体金融服务和产品的可获得性，它是促进一国可持续增长、贫困减少、实现共同繁荣的重要金融发展方式。2013 年 G20 峰会后，包容性金融发展更成为各国政策制定者和利益相关者关注的热点。

完善的金融体系是推进包容性金融发展的基础，而制度质量则决定了促增长的金融体系的构建，因而，包容性金融发展离不开完善的制度。改革开放以来，我国经济增长迅速，国民生产总值由1978年的3645亿元增长至2016年74.41万亿元，人均GDP也由1978年的381.2元增长至2016年的53980元。随着改革的逐步深化，我国经济进入新常态发展，经济增长由高速转为中高速，经济福祉也由“先富先好”转向“包容平等”。我国的金融发展经历了从单一到多元的发展历程，无论是规模还是效率都有了显著的提高。由中央银行、商业银行、非银行金融机构、资本市场等构成的金融体系，大大地增加了金融服务的可获性。然而，不平衡、不协调、不持续，特定群体的金融需求无法满足，这仍是推进包容性金融发展，促进发展成果共享的困扰问题。产权、法律、行政体制、监管等制度的不完善是重要原因之一。我国幅员辽阔，地区间的发展轨迹、市场化进程有着明显的差异：重大改革举措都是在东部地区试点后，再决定是否向其他地区推行，这种推进改革必然使各地区制度质量拉开差距。这是我国包容性金融发展实施和深化金融改革促进成果共享所必须考虑的现实问题。经济市场化是由一系列经济、社会、法律等制度变迁组成的，必然地对包容性金融发展以及包容性金融发展减贫效果产生重要的影响。

基于以上理论与实践的思考，本书以我国包容性金融发展实践为对象，在制度经济学、金融发展理论和贫困减缓理论的基础上，对国内外文献进行了综述。在此基础上，对包容性金融发展、制度质量的代理变量解析，构建包容性金融发展指数、制度质量指数，对我国31个省区市的包容性金融发展水平、制度质量进行分析。进一步构建制度质量、包容性金融发展与贫困减缓的作用机制，采用我国2006~2015

年省际面板数据，分别用两阶段最小二乘法、系统 GMM 方法，实证分析了制度质量对包容性金融发展的影响、包容性金融发展的减贫效应，以及制度质量对包容性金融发展减缓贫困的影响。结果表明：我国包容性金融发展整体水平较低，且地区差异显著，东部地区的包容性金融发展水平高于中西部地区。包容性金融发展可以通过经济增长、收入分配的途径影响包容性金融发展。包容性金融发展有利于贫困减缓，但这一效果又会受到包容性金融发展波动、宏观经济波动的影响。制度质量与包容性金融发展间存在正相关关系，但制度波动会消减这一效应。同时制度质量对包容性金融发展的影响是非线性的，随时间变化呈“U”形曲线特征。在促进包容性金融发展的过程中，正式与非正式制度存在互补关系。制度质量的提高以及包容性金融发展均有利于贫困减缓。但在促进贫困减缓的构成中，两者之间表现为替代关系。因此，在推动包容性金融发展时，除了政府引导的宏观环境建设外，还要加强微观环境建设，加强正式制度与非正式制度建设，推动包容性金融发展，提高包容性金融发展的减贫效应，促进实现扶贫攻坚战、决胜全面建成小康社会的目标。

崔艳娟
2017 年 11 月

目　录

制度质量、包容性金融发展与减贫的关系研究

Chapter 1

第1章 绪 论

1.1 选题背景及意义

包容性金融发展（inclusive financial development，IFD）是指金融机构在可持续发展的前提下，以可承担的成本提高贫困群体金融服务和产品的可获得性，它是促进一国可持续增长、贫困减少、实现共同繁荣的重要金融发展方式（World Bank，2014）。完善的金融体系是推进包容性金融发展的基础，而制度质量则决定了促增长的金融体系的构建（Casson et al.，2010），因而，包容性金融发展离不开完善的制度。

1.1.1 问题的提出

随着改革的逐步深化，我国经济进入新常态①发展，经济增长由高速转为中高速，经济福祉也由“先富先好”转向“包容平等”。国民生产总值由1978年3645亿元增长至2016年74.41万亿元，人均GDP也由1978年381.2元增长至2016年53980元。

(1)“多层次、广覆盖、可持续”的金融体系构建与改革。

改革开放以来，我国的金融发展经历了从单一到多元的发展历程，无论是规模还是效率都有着显著的提高。以经典的M2/GDP表示的发展规模上看，我国的金融发展规模由1978年31.8%上升到2016年的208%，远远超过了实际经济增长速度，2016年金融深化

① 2013年12月10日习近平总书记在中央经济工作会议上的讲话数次提出“新常态”：“我们注重处理好经济社会发展各类问题，既防范增长速度滑出底线，又理性对待高速增长转向中高速增长的新常态；既强调改善民生工作，又实事求是调整一些过度承诺；既高度关注产能过剩、地方债务、房地产市场、影子银行、群体性事件等风险点，又采取有效措施化解区域性和系统性金融风险，防范局部性问题演变成全局性风险”。

发展程度（居民储蓄/准货币；Hao，2006）达到56%。

20世纪80年代的金融改革促进了金融部门的多样化的发展，除四大国有独资银行外，大量金融中介不断涌现，如区域性银行、农村信用社、城市信用社以及信托投资公司等非银行金融中介也陆续成立，虽然其存款和贷款来源都有相应的限制，但是从事有选择的银行服务和非银行服务业务却不断扩大（Allen et al.，2005）。1994年后，又陆续成立了国家开发银行、农业发展银行和进出口银行三个政策性银行；城镇信贷公司转为商业银行；允许非国有商业银行和外资银行成立；减少政府对贷款分配的干预，以及放松对利率的管制等（Hasan and Zhou，2006）。在全球经济金融化趋势日渐增强的情况下，我国金融中介（中国人民银行、政策性银行、国有独资商业银行、邮政储汇局、其他商业银行、城市商业银行、农村商业银行、农村合作银行、城市信用社、农村信用社、信托投资公司、财务公司、租赁公司、外资金融机构等）发展迅速，总金融资产总量由1978年的3257.4亿元增加到2016年的392万亿元①，年均增长率约31%。现在，我国金融体系已由单一银行体系转变成复杂多样化的金融系统，主要由中央银行（中国人民银行）、政策性银行、国有独资商业银行、其他商业银行、非银行金融机构、两个股票市场和一个债券市场等构成，大大地增加了金融服务获得的可能性。

（2）贫困减缓成果显著。

习近平总书记在党的十九大报告中指出“脱贫攻坚战取得决定性进展，六千多万贫困人口稳定脱贫，贫困发生率从百分之十点二下降到百分之四以下”。

作为世界上最大的发展中国家，贫困仍是我国面临的重要问题之一，但是我国一直致力于贫困减缓工作，并取得的突出的成就。根据我国官方统计标准，我国农村绝对贫困人口从1978年的2.5亿下降

① 总金融资产包括现金、存款余额、贷款余额、债券余额、股票市值以及保费收入。

至2016年的4335万人，贫困发生率从1978年的30.7%下降到2016年的4.5%①。我国贫困标准分别在2008年和2010年进行了调整，不同标准下的各年的贫困人口与贫困率如表1.1所示。

表1.1　　我国贫困人口与贫困率　　单位：万人，%

年份	1978年标准[a]		2008年标准[b]		2010年标准[c]	
	贫困人口	贫困率	贫困人口	贫困线	贫困人口	贫困率
1978	25000	30.7			77039	97.5
1980	22000	26.8			76542	96.2
1985	12500	14.8			66101	78.3
1990	8500	9.4			65849	73.5
2000	3209	3.5	9422	10.2	46224	49.8
2005	2365	2.5	6432	6.8	28662	30.2
2010			2688	2.8	16567	17.2
2011					12238	12.7
2012					9899	10.2
2013					8249	8.5
2014					7017	7.2
2015					5575	5.7
2016					4335	4.5

注：a：1978－1999年称为农村贫困标准，2000－2007年称为农村绝对贫困标准
b：2000－2007年称为农村低收入标准，2008－2010称为农村贫困标准
c：现行农村贫困标准为2300元/人/年（2010年不变价）

减贫效果的取得得益于我国在不同的时期实施改革式减贫（1978～1985年）、开发式扶贫（1986～1993年）、“八七”扶贫攻坚计划（1994～2000年）、综合扶贫（2001～2010年）、转型式扶贫（2011～2013年）以及精准扶贫（2014年至今）等不同的减贫措施②，在众多的减贫措施中，金融发展减贫的作用逐步表现出来，从

① 我国只有农村的官方贫困线，尚无城镇的官方贫困线。统计年鉴中也是农村贫困统计数字。

② 2013年11月，习近平总书记到湖南湘西考察时首次作出了“实事求是、因地制宜、分类指导、精准扶贫”的重要指示。2014年1月，中办详细规制了精准扶贫工作模式的顶层设计，推动“精准扶贫”实施。

20世纪80年代我国开始实施信贷扶贫到现在的微型金融、保险等多种方式的出现，金融发展在贫困减缓方面起到了不可替代的作用。

（3）收入差距的缩减。

收入分配与贫困减缓有着密不可分的关系，收入分配改善如果是穷人收入水平提高的结果，那么就是有利于贫困减缓的，相反，如果收入分配的改善是中间收入提高的结果，那么，收入差距的缩小是不利于贫困减缓的。

改革开放以来，随着我国经济的稳定增长，人均可支配收入水平不断提高，城镇居民人均可支配收入由1978年的343.4元增长至2016年的33616元，农村居民纯收入也由133.6元增长为12363元，如图1.1所示。

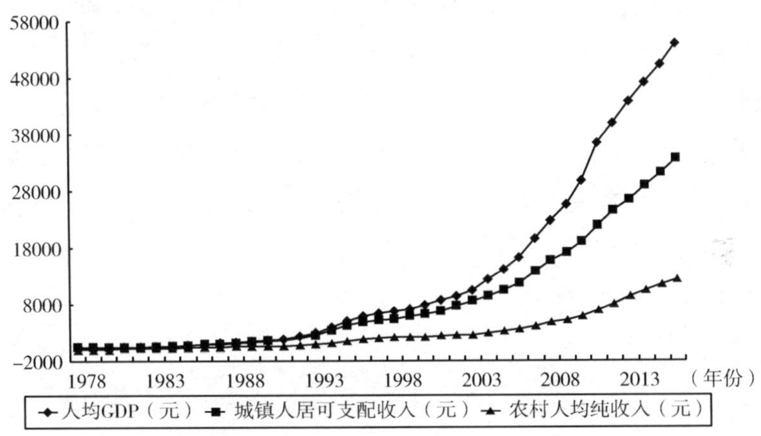

图1.1 我国人均GDP与居民生活水平

资料来源：1979～2016年《中国统计年鉴》、2016年统计公报。

经过多年的改革，我国不仅经济稳定持续增长，贫困减缓取得突出的成绩，我国金融体系改革也取得了重要成果，尤其是2006年我国引入“普惠金融”的理念后积极倡导并践行，包容性金融发展作为一种新的金融发展方式，正式进入学术与实践领域，并发挥了其对贫困减缓、提高整个社会的福利水平、促进资源效率配置效率与公平（Fergusson, 2006; Sarma, 2008; Sarma & Pais, 2011) 等的重要作用。

我国的金融体系非常庞大，从早期的贴息贷款、保险服务到现在的村镇银行等金融减贫实践为我国包容性金融发展积累重要的实践基础，逐步形成了“多层次、广覆盖、可持续”的金融体系。但仍存在不平衡、不协调、不持续问题（周正庆，2011），特定群体（如农户、低薪工人等）的金融需求无法满足（中国普惠金融工作组，2012），不利于发展成果的共享。产权、法律、行政体制、监管等制度的不完善是重要原因之一（江春等，2009）。

“实现发展成果更多更公平惠及全体人民”，以及“不断创造美好生活、逐步实现全体人民共同富裕”一直得到了党中央的高度重视。党的十八报告中提出“深化金融体制改革，健全促进宏观经济稳定、支持实体经济发展的现代金融体系，发展多层次资本市场”“推进制度创新，……，使发展成果更多更公平惠及全体人民”，十九大报告提出“经济体制改革必须以完善产权制度和要素市场化配置为重点”“深化金融体制改革，增强金融服务实体经济能力，提高直接融资比重，促进多层次资本市场健康发展”。

1.1.2 研究意义

从理论上看，包容性金融发展是金融发展研究的重要构成，然而在现有的研究中，缺乏关于“制度—包容性金融发展—减贫”的机制分析，同时缺少以中国为样本的检验。基于以上理论与实践的思考，本书拟分析制度质量与包容性金融发展与减贫的关系，这一研究具有重要的理论与实践意义：

(1) 有利于扩展包容性金融发展的理论研究成果。在制度经济学和金融发展理论的基础上，构建“制度质量—包容性金融发展—减贫”理论分析框架，丰富了理论研究成果，追踪了学术研究前沿；采用我国省级面板数据，运用系统 GMM 方法、两阶段最小二乘法进行的经验检验，克服了制度内生特点所带了估计偏差问题，补充了实证和应用成果，丰富了相关的文献。

（2）为金融包容发展问题的研究提供新的视角和范式。现有的文献忽视了对金融包容发展决定因素的研究。本书探讨了金融包容发展的制度因素，从制度质量的视角探讨其对包容性金融发展的作用机制、影响程度，为金融包容发展相关问题的研究提供了新的视角，拓展了其研究范式。

（3）探讨包容性金融发展以及制度因素在包容性金融发展减贫中的作用，提出我国包容性金融发展、提高其减贫效果的制度安排与对策，对于完善我国“多层次、广覆盖、可持续”金融体系构建与深化金融改革有着重要的参考价值，同时也为我国包容性金融发展战略的实施提供借鉴思路，进而实现改革成果公平共享的战略目标与“中国梦”奠定基础。

总之，本书借鉴已有的研究成果，从金融发展与贫困减缓研究领域的前沿出发，构建制度、包容性金融发展与贫困减缓作用机制，结合我国实际国情选取数据，验证制度、包容性金融发展与贫困减缓的关系，从而恰当地理解了制度、包容性金融发展对贫困减缓的重要性，为推进包容性金融发展减缓贫困这一应用性研究做出贡献。

1.2 相关概念的界定

在包容性金融发展、制度质量与贫困减缓的关系研究中，涉及的概念主要有金融中介、金融体系、金融发展、包容性金融发展、小额贷款、贫困与贫困减缓等关键词，部分关键词的界定在当前又不完全相同。因此，本部分尽可能将相关概念厘清，从而明确本书的研究范围。

1.2.1 金融中介与金融体系

在国内，金融的定义并不十分明确[①]，代表性定义为“货币流通和信用活动以及与之相联系的经济活动的总称”（刘鸿儒，1995），并不突出反映资本市场的地位。黄达（2003）将金融定义为“凡是涉及货币供给，银行与非银行信用，以证券交易为操作特征的投资，商业保险，以及以类似形式进行运作的所有交易行为的集合”。金融的另一个含义是融资，即指通过调剂资金余缺完成储蓄到投资的转化。随着经济的发展，金融已经成为现代社会的核心内容。1991 年 2 月，邓小平同志视察上海时，针对浦东新区在开发区实施“金融先行”的做法，强调“金融很重要，是现代经济的核心，金融搞好了，一着棋活，全盘皆活。”邓小平同志深刻地揭示了金融的本质，对金融在我国现代经济建设中发挥的作用进行了科学定位。

1.2.1.1 金融中介

金融中介（financial intermediation）最初主要是在分析银行等金融机构的作用和运作机制时使用。在经济活动中，由于各类行为主体收入、支出模式不同，投资机会各异，储蓄与投资逐渐成为两个相对分离的范畴，因此，储蓄向投资的转化成为经济活动的一个重要方面，金融中介是储蓄向投资转化的重要媒介。

Mishkin（1998）认为金融中介是利用金融中介机构来进行的间接金融过程，是将资金从贷款者手中转移到借款者手中的主要渠道。Gurley 和 Shaw（1956，1960）、Benston（1976）以及 Fama（1980）等认为“金融中介（银行、共同基金、保险公司等）是金融契约和

① 黄达（2003）等考证，“金融”并非是古代就有的词汇，最早的文献是 1915 年版和 1937 年版的《辞海》所列的“金融”条目，但是其内涵和外延并不明确。

证券进行转化的机构”[①]。Chant（1990）定义为“在储蓄投资转化过程中，在最终借款人和最终贷款人之间插入一个第三方”，这也是金融中介的基本含义。Freixas 和 Rochet（1997）将金融中介定义为“从事金融合同和证券买卖活动的专业经济部门”[②]。我国学者王广谦（2003）指出金融中介可以从宽窄不同的三个口径去界定。最宽泛口径定义为“为资金供给者和需求者实现资金融通和其他金融活动而提供服务的金融机构、实现资金融通和其他金融活动的场所——各类金融市场以及融资和其他金融活动的过程安排与机制”。中间口径的定义则指金融市场和金融机构。较窄口径的定义专指“从事金融业务的各类金融机构”。后续的相关定义的界定，基本都在这一框架之内，如曾康霖（2003），杨德勇和李杰（2007）从窄口径将金融中介定义为“从事融资活动和提供各种金融服务的那些金融机构”。马丽娟（2005）则认为金融中介有着广泛的内涵，不仅包括直接承载资金转移并提供融资中介的银行、保险公司等金融机构，还包括那些提供辅助性服务的中介组织，如资本市场上的各种服务机构、为融资活动提供金融辅助性服务的资信评级公司、会计师事务所、金融法律事务所等。

我国在理论与实践中，习惯使用“金融机构”和“金融中介机构”这两个术语，“金融中介”一词则是在引入金融机构整体研究之后才开始的。随着经济货币化的发展，以及近几十年相关研究成果的丰富，金融中介已经逐渐成为经济学和金融学中一个十分重要且相对独立的范畴。考虑到我国经济的高度发展和金融领域混业经营这一现实，本书所提到的金融中介倾向于 Mishkin（1998）、Bodie 和 Merton（2000）的定义，借鉴王广谦窄口径的定义方式，将金融中介界定为

① （美）Thomas，L. B. 著，马晓萍等译．货币、银行与金融市场［M］．北京：机械工业出版社，1999.

② （美）Fabozzi，F. J. 等著，康卫华主译．金融市场与机构通论［M］．大连：东北财经大学出版社，2000.

在资金短缺者和资金盈余者的金融过程中提供金融产品和金融服务的各类金融机构的总和。

1.2.1.2 金融体系

金融体系是社会资金的集中、流动、分配和再分配的一个有机系统，它由资金盈余方和资金短缺方、资金流动的工具（金融资产）、市场参与者（中介机构）、交易方式（市场）以及金融监管（政府）等各要素构成的综合体。金融企业、金融调控、金融监管、金融市场和金融环境五个方面共同构成了金融体系，如图 1.2 所示。

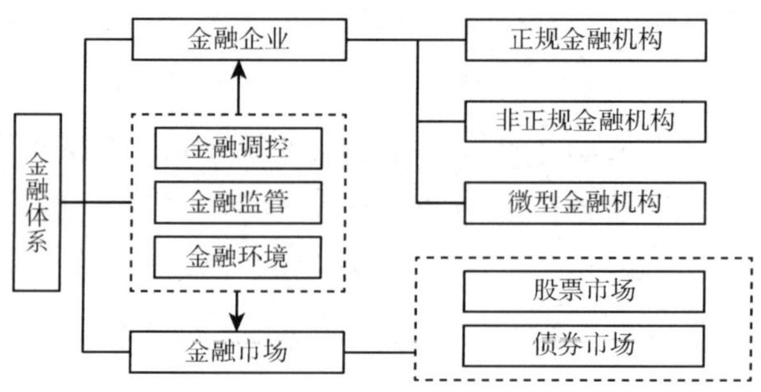

图 1.2 金融体系的构成

金融企业即金融中介机构，包括正规金融机构、非正规金融机构和微型金融机构。金融调控也是金融宏观调控机制，包括利率市场化、利率形成机制、汇率形成机制、资本项目可兑换、支付清算系统、金融市场（货币、资本、保险）的有机结合等。金融监管主要是政府协调的金融风险监控、预警和处置机制、市场退出制度、监管协调机制等。金融市场主要是直接融资渠道，包括风险投资和创业板市场、债券市场、期货市场等。金融环境包括现代产权制度、公司治理结构、社会信用、生态化等宏观和微观环境。功能完善的金融体系是经济健康运行的基础。

1.2.2 正规金融与非正规金融

Germidis，Kessler和Meghir（1991）将金融机构分成正规（formal）、非正规（informal）和半正规（semi-formal）金融部门。

正规金融服务主要是来自央行，银行和非银行金融中介机构（商业银行、商人银行、发展银行、储蓄银行、建筑协会、邮政储蓄网络、专门的金融机构、社会保障计划、公积金和保险公司）和资本市场。Pagura和Kirsten（2006）认为正规金融部门应至少包括银行与非银行金融机构。所有的正规金融机构应该在中央银行的监管下运行。

非正规金融，在我国称为民间金融，是未被官方监管的金融活动，其来源主要有个人（如亲朋好友、商贩等），个人联合的团体（固定基金协会、储蓄俱乐部、联合储蓄和信贷安排）或合伙企业（如钱庄、当铺以及提供如租赁和租购等非银行中介机构等）（Germidis，Kessle & Meghir，1991；Pagura & Kirsten，2006）。由于非正规金融部门平时与客户群体工作（生活）在一起，掌握贷款人相关信息，同时利息和抵押灵活，如接受小规模的社区关系的联合抵押（World Bank，2001）等，使之克服了正规金融所面临的问题，无论在城市还是农村地区，通常成为许多人的主要信贷来源。在信贷需求旺盛时，非正规金融部门可能会将其从正规金融部门获得贷款进行转贷①。可以说，非正规金融在一定程度上减少了商业脆弱性，解决了正规金融的“惜贷”问题，是贫困减缓的一个重要因素。忽视其发展，可能会导致资源配置和投资质量的恶化（Lensink，1996），不利

① Floro和Ray（1997）认为，这一作用依赖于非正规信贷体系的市场结构。参见Floro M.，S.，Ray D.. Vertical Links between Formal and Informal Financial Institutions. Review of Development Economics，1997，1（1）：34－56.

于贫困减缓。非正规金融对穷人，尤其发展中国家的穷人，具有重要的意义（Rutherford，1998）。

所谓“半正规”是指虽然按照法律设置，并且也有监督管理机制，但却缺少定期监督的部门，这类主要以小额储蓄和贷款为主，如储蓄信贷合作社和信用合作社等（这里的合作是基于现互帮助与自助的概念提出）。很多学者也将之定义为微型金融。1976年穆罕默德·尤纳斯（Muhanmmadl Yunnus）开创致力于减贫的乡村银行，获得了巨大了成功，这成为微型金融（microfinance）发展的开端①。自20世纪80年代，微型金融在发展中国家迅速发展起来，并得到了相关的研究，如Ledgerwood（1998）、Matin等（1999）分别描述了微型金融的产品设计、监测和微型金融机构的管理，以及如何为穷人设计金融产品。

微型金融以贫困人群和小微企业为其重要的服务对象，填补了传统正规金融提供金融服务的空白，成为金融发展不可缺少的一部分。国际上，还有一个类似的词是微型信贷（microcredit），它是指为中低收入群体提供的信贷服务。这两个概念都与国际反贫困运动紧密相连。从文献上，微型金融的概念是近年来才出现的，我国早期的提法是“小额信贷”，主要是小额贷款，用作扶贫工作的政策工具和扶贫贴息贷款的操作手段。随着金融产品的不断扩大，有人也称其为“小额金融”。这些做法实际上在微型金融的范畴。为中低收入群体提供金融服务的微型金融，主要是通过“鼓励和培养非正规部门发展”② 提供相关服务，帮助穷困家庭平滑消费，改善衣食住行条件、健康和教育条件等，提高其拥有的物质、精神资产和社会资源等，降低脆弱性（Sebstad & Cohen，2000；Honohan，2004a），从而减缓贫

① 穆罕默德·尤纳斯博士因这一贡献而获得2006年诺贝尔和平奖。

② 陈银娥，师文明．微型金融对贫困减少的影响研究述评［J］．经济学动态，2011，(4)：130－135.

困。Bakhtiari（2006）认为微型金融可以看成是重要的减贫工具，微型金融的有效提供与获得可以平滑穷人的消费水平，更好地规避风险，从而逐步地积累资金，甚至成立自己的微型企业，提供其创收的能力，并提高生活水平。

1.2.3 金融发展与包容性金融发展

1.2.3.1 金融发展

自 Goldsmith（1969）、McKinnon（1973）和 Shaw（1973）等人创建金融发展理论以来，金融理论逐步完善，但是对于金融发展的概念仍没有统一的界定。Goldsmith（1969）将其界定为“金融结构，即一国金融工具和金融机构的形式、性质及相对规模的变化”。而 McKinnon（1973）和 Shaw（1973）则根据发展中国家经济发展过程，从金融深化和金融压制两个方面来界定金融发展，McKinnon 指出金融压制是政府过多干预金融活动和金融体系的发展现象，而 Shaw 认为取消政府对金融活动的干预，则可形成金融深化发展。可见，金融发展包括各类金融活动、金融体系的发展，而政府在金融发展中有着重要的影响。

目前，金融发展的内涵比较广泛，包含与金融相关的活动、场所、提供的产品等扩大和创新，由于其所包含的金融中介、金融服务等都具有动态的特征，因此，金融发展的概念也在变化。本书所提的金融发展是指金融总量的扩大、金融结构的优化和金融服务准入的扩大。也就是说，金融发展应是整个金融体系所表现出来的量和质的提高，以及各部分的协调发展（崔艳娟，2014）。

1.2.3.2 包容性金融发展

自 2005 年联合国小额信贷年后，“inclusive finance”引起来广泛的关注。它是指包容性的金融体系，即能通过多渠道、高效全方位地为所有人提供金融服务。中国小额信贷联盟的白澄宇先生最早译之为“普惠金融”。中国人民银行行长周小川 2013 年 9 月 16 日在《求是》发表《践行党的群众路线，推进包容性金融发展》一阐述了“包容性金融发展”。部分研究还提及的类似词为“金融包容”，从相关研究看，基本是翻译的差别，此外，就金融发展方式而言，三者之间几乎没有差异，均表明了其金融机构发展可持续、提供服务成本可负担、服务对象的全体性的内涵。由此，在书中除直接引用外，统一使用“包容性金融发展”一词。

Dev（2006）将包容性金融发展定义为以可负担的成本为大部分弱势和低收入群体提供金融服务。Beck 等（2000，2007a，2007b）认为包容性金融发展是正规金融服务体系以合理的成本让所有成员能容易获取、拥有和使用公平且安全的金融服务（如贷款、存款和保险等）的过程。Sarma 和 Pais（2011）、Chakravarty 和 Pal（2013）也表达了类似的观点，认为金融包容是保证整体经济体所有成员能容易获取、使用正规金融的过程。提供金融服务的可获性，并不意味着其使用性也提高（Beck & Demirgüç-Kunt，2008；Demirgüç-Kunt et al.，2008），因此，包容性金融发展至少应包含金融服务的可获以及使用两个层面的含义。World Bank（2014）在全球报告中，正式将包容性金融发展定义为金融机构在可持续发展的前提下，以可承担的成本提高贫困群体金融服务和产品的可获得性。包容性金融发展有助于提高被排斥在金融服务之外的群体的教育、生产等投资，从而在提高资源配置效率、降低贫困和改善社会福利（Hannig & Jansen，2010；Kapoor，2013）等方面发挥着积极作用。

从相关的定义看，作为金融发展的重要方式之一，包容性金融发展既强调金融服务覆盖面的扩大、金融服务的创新，又体现了金融产品的接触性和参与性，其目标就是将金融排斥（financial exclusion）的群体纳入正规的金融服务体系中，保证经济体内所有成员能容易获得和使用正规的金融服务。

金融排斥（financial exclusion）是与金融包容相反的概念。Leyshon 和 Thrift（1995）将其定义为将特定的社会群体和个人排斥于获取正规金融服务之外的过程。Carbo 等（2005）给出了更为宽泛的定义，认为某些社会群体缺乏获取金融服务的能力，即为金融排斥。Conroy（2005）将金融排斥界定为贫困群体和非优质群体排斥在正规金融服务之外的过程。Mohan（2006）认为某些社会群体无法从主流机构获取合适、低成本、公平且安全的金融产品和服务，即为金融排斥①。印度政府机构 Rangarajan Committee（2008）结合金融排斥的概念，认为金融包容就是以可负担的成本为脆弱群体，如贫困和低收入群体，提供及时的金融服务，将排斥在正规金融服务之外的群体包容进来。

综上所述，包容性金融发展，作为金融发展的重要方式之一，在为所有群体，尤其是贫困和低收入群体提供金融服务时，既要保证其自身的可持续发展，同时也应保证金融服务的覆盖性、可获性以及使用性。

1.2.4　制度与制度质量

1.2.4.1　制度

制度是制度经济学重要的研究课题，并且被广泛地应用于经济增

① Kempson 和 Whyley（1999）、Sarma（2010）提出了五种金融排斥：一是获取排斥（access exclusion），即部分群体因地理位置偏远或金融风险防范等原因而无法获取金融服务；二是条件排斥（condition exclusion），即部分群体因无法达到一些特定的金融限制条件而被排斥在金融服务之外；三是价格排斥（price exclusion），即部分群体因无法承担金融服务价格而被排斥；四是市场排斥（marketing exclusion），即金融服务对象将部分群体排斥在外；五是自我排斥（self-exclusion），即部分群体因担心被拒绝或心理障碍而主动将自己排斥在金融服务之外。

长、收入分配以及微观企业行为的影响中，其重要性得到了广泛的认可。但究竟什么是制度却众说纷纭。较早如制度经济学早期的代表人物凡勃仑（1899）认为制度是一种习惯或精神状态。他在《有闲阶级论》中提出制度的实质就是个人或社会对有关的某些关系或作用的思想习惯。1923 年他在《不在所有权和近代企业》一书中将之定义为被习惯化和广泛接受的自然习俗，类似于各种上瘾的习惯。而康芒斯，近代制度经济学开山大师，则将制度解释为一切集体行为建立权利、义务、没有权利和没有义务的社会关系。他认为稀缺资源之所以稀缺是因为利益冲突，而集体管理则可以使稀缺资源得到有效配置，否则就会发生无政府状态。

North（1990）将制度定义为人类政治、经济与社会相互关系的约束。这一界定被广泛接受，被称为后续研究的基础。作为社会活动的规则，制度通过交易成本激励并规范着生产活动，并决定了其可行性，以及利益相关者从活动中所获的收益（Champernowne & Cowell, 1998）。Ustrom（2005）将这一博弈规则更为简洁地描述为工作规则，即在某一领域谁有资格决定程序或做出决策。由于制度在提供规则的同时，也决定了企业的创新程度，因此，在国家和地区的经济发展中有着重要的作用。

根据 North（1990）的解释，制度被分为正式制度和非正式制度两类。正式制度主要是在经济、政治等方面设计契约和约束，如法律（包括法规、法源）、产权等。非正式制度如习俗、文化等。相比而言，非正式制度是人们在长期的交往中约定俗成的，并对行为产生影响。North（1990）认为即使是发达国家，正式制度的约束也只占了很少的比例。

Scott（1995）认为由认知（cognitive）、规范（normative）和规制（regulative）构成的制度为社会行为提供了稳定性。其中，认知来源于基于文化正统性的成员的共同信仰，规范来源于社会信仰习俗，而规制则是制定、监督和执行的规则。后续很多学者，如 Busentiz 等

(2000)、Gaur 和 Lu (2007) 等根据这一制度的界定，进行了实证研究。

对比这两类具有影响的研究，尽管界定的维度不同，但是却存在共同的地方，如认知和规范属于非正式制度范畴，而规制则在正式制度范畴。从相关研究看，North (1990) 的正式制度与非正式的划分是理解制度的重要的维度。进一步可以从规制、规范、认知等角度进一步解析正式制度与非正式制度的构成。

后续有很多作者从不同角度对制度进行了界定。宋渊洋和刘勰(2015) 对制度分类进行了较为详细的总结，如表 1.2 所示。

表 1.2　　制度的分类

分类		代表性研究
正式制度	非正式制度	
规制	规范、认知	Busenitz et al. (2000)
管理、经济	文化	Ghemawat (2001)
规制	规范 (规范/认知)	Xu et al. (2004)、Gaur & Lu (2007)
产品市场、资本市场、劳动力市场、开放程度	政治和社会系统	Pattnaik & Soonkyoo (2007)
政治/规制/法律、经济	文化/规范/认知	Bae & Salomon (2010)
经济、金融、政治、管理、人口、知识、全球连通性	文化	Berry et al. (2010)
正式制度	非正式制度	Estrin et al. (2009)、Dikova (2010)、Schwens et al. (2011)

资料来源：宋渊洋，刘勰．中国各地区制度环境测量的最新进展与研究展望［J］．管理评论，2015，27 (2)：3－12。

制度安排和制度结构是理解制度的重要概念（林毅夫，1994)。所谓制度安排是管束特定行动模型和关系的一套行为规则，可以是正式的也可以是非正式的。正式制度安排中规则的变动和修改，需要得到其行为受到这一制度安排管束的一群人的许可，而非正式制度安排则由个人完成。而制度结构是一个社会中正式的和非正式的制度安排总和，具有强制性和约束性。

综上所述，尽管有关制度的界定较多，但基本都认同规则、规制等是制度的重要构成。本书遵循 North（1990）的经典定义，认为制度是社会行为和经济活动的重要规则，有正式制度和非正式制度之分。现代市场经济体系是各类制度综合的作用，这里包括法律制度、产权制度、经济制度等正式制度，也涵盖了道德、社会习惯、文化等非正式制度。由此，本书在界定制度时，遵循经典的界定，并进一步从法律、产权、经济、规范、认知和规制等维度分析正式制度和非正式制度。

1.2.4.2 制度质量

一组固有特性满足要求程度即质量，反映的是作为客观存在的“好”“坏”的程度。而制度质量，则是使用一系列描述对制度的程度的认知，如制度是否适用、是否透明、是否可持续、是否稳定等，均可以定义制度质量。制度在创建之初时，其固有特性就已经存在，因此，不能仅仅以“好”“坏”来区别制度质量。

开创了法与金融研究的 La Porta 等（1999）认为不腐败、产权得到保护、完善的法规、合理的税收应当看作为“好”的制度。也就是说，当制度具备了这些特征时，制度质量较高；否则，则相反。Dreher 等（2009）将制度质量定义为监管权力、法治和法律系统的集合。Beck 和 Levine（2003）认为，好的制度能有效保护产权、投资者利益，并且法律执行力较高。我国学者邵军和徐康宁（2008）认为完备、具有公信力和执行力的制度体系即高质量制度。

综上所述，本书认为，当从正式制度和非正式制度分析制度质量时，对提高经济增长、促进资源分配效率、改善社会福利有利，即制度质量较高；反之，则制度质量较低。

1.2.5 贫困与贫困减缓

消灭贫困一直是世界性课题，然而在反贫困理论的研究和实践中，“贫困是一个非常难以捉摸的概念”“对于不同的人意味着不同的事”①，其定义迄今仍无法统一，政府的官方口径与学术界的意见相去甚远。

1.2.5.1　贫困的内涵与外延

贫困（poverty）即贫苦穷困，人们通常的印象是“食不果腹，衣不遮体，房不避风雨”，即不能满足居民基本生活需要的状态。我国古汉语中“贫，财分少也”“穷，贫也”“困，穷也”②，给出了贫困的基本解释。《荀子·大略》中“多有之者富，少有之者为贫，至无有者为穷”的语句，解释了“穷”比“贫”程度更大一些，即一无所有，同时也表述了穷与富的相对性③。美国现代社会学辞典的解释是：“个人或一群人因长时期过着低水准的生活，以至于健康、士气，或自尊遭损伤。贫困一词，与社会的一般生活水准、财富的分配、地位系统或社会期待等存在着相对的关系。”

作为一个不断变化的概念，国内外学者对“贫困”的基本含义有着共同的认可，但是对其内涵的理解却不相同，分析的范围已经从单一的收入扩大到更多社会资源的获取上，包括能力、健康、教育等问题的分析。例如，英国社会学家 Townsend（1979）从社会学的角度提出，如果个人、家庭和群体缺乏食物、缺乏参与基本社会活动的资源，即贫困。1998 年诺贝尔经济学奖获得者，被称为关注最底层人的经济学家 Sen A.（1981）从生活资料获取能力的角度认为，贫困不仅仅是低收入的问题，更为重要的基本能力的丧失，如丧失高额医疗、养老、教育、住房等民生支出的能力，或者缺失了获得健康

---

① 萨缪尔森．经济学（上册）［M］．第 14 版．北京：北京经济学院出版社，1996：658.

② 分别出自《说文》和《广雅·释诂四》．

③ “贫”与“富”可量度属性的解释比英国古典经济学家 Adam Smith 的定义要早 2000 多年。

权、养老权、教育权、居住权的能力。Sen A.（1989）开创了权利贫困理论的研究，将贫困和饥饿视为“权利丧失”的结果。Sen A. 认为“可行能力贫困”比“收入贫困”具有更宽泛的内涵和更高层次的视角。这一研究得到了世界银行的推广。世界银行在《1990 年世界发展报告》中将能力考虑进来，将贫困定义为“缺少达到最低生活水准的能力”，贫困除了包括家庭的收入和支出外，更重要的是医疗卫生、预期寿命等社会福利的内容。Oppenheim（1993）也表达了类似的观点，认为“首先，贫困夺去了人们建立未来大厦——你的生存机会的工具。它悄悄地夺去了人们享有生命不受疾病侵害、有体面的教育、有安全的住宅和长时间的退休生涯的机会”。

国家统计局农调总队《中国农村贫困标准》课题组（1990）和国家统计局的《中国城镇居民贫困问题研究》课题组（1991）均认为贫困是指一个人或一个家庭缺乏某些必要的生活资料和服务，使生活水平达不到一种社会可接受的最低标准。

此外，还有很多学者进行了界定，梁树广和黄继忠（2010）在国内外已有的研究基础上，将贫困总结为三个层次：收入贫困，是从经济层面定义的，主要指用于人们日常生活的物质匮乏；能力贫困，是指人们获取生活资料的能力的不足，即挣钱能力的缺乏；权利贫困，则是指社会成员应享受的政治和文化权利的丧失。收入贫困是贫困的表现形式，能力贫困是贫困的直接原因，而权利贫困则是贫困的社会后果。

绝对贫困和相对贫困被认为是贫困的外延①。

Nisbet 和 Merton（1961）所提到的贫困的绝对概念和相对概念，受到国内外大多数学者的赞同，并得到一些世界组织和各国政府的认可与沿用。例如，世界银行（1996）就提出，“贫困又可以从相对或绝对意义上来衡量。……相对贫困是指某人或某家庭与本国的平均收

① 吴理财．“贫困”的经济学分析及其分析的贫困［J］．经济评论，2001，（4）：3－4.

入相比，例如将贫困线划定为平均收入的一半或分配额的40%，相对贫困线随着平均收入的不同而不同。绝对贫困是指某人或某家庭的状况低于这样一个贫困线，其实际价值是固定的，不随时间变化而变化。绝对贫困线是基于最低消费标准，基于必需的人体热量吸收的食品”。

人们最初对贫困的认识及其研究，强调的是绝对贫困，例如，英国的Alcock（1993）认为“绝对贫困被认为是一个客观的定义，它建立在维持生存这个概念的基础上。维持生存就是延续生命的最低需求，因此低于维持生存的水平就会遭受绝对贫困，因为他没有足以延续生命的必需品。”“相对贫困是一种较为主观的标准，……一个相对的贫困定义是建立在将穷人的生活水平与其他较为不贫困的社会成员的生活水平相比较的基础上的，通常这要包括对作为研究对象的社会的总体平均水平的测度”。

然而，贫困不仅仅与个人的收入有关，还会受到社会中其他人收入水平的影响，即相对贫困。例如，Townsend（1971）指出，个人或家庭所拥有的资源，虽然可以满足其基本的生活需要，但是不足以使其达到社会的平均生活水平，通常只能维持远远低于平均生活水平的状况。与绝对贫困不同，相对贫困是相对于正常的生活水平而非最低生活水平而言的，它还包含以他人或其他社会群体为参照物感受相对剥夺的社会心态。对于贫困问题，不仅藉物质、钱财来考察，同时也涉及穷人的心理问题①。然而，英国社会学家Webster(1987）认为贫困仅仅是将不同群体比较而得出的概念，但相对贫困却是较难确定的。

国内学者基本上也沿用了贫困的这种划分。国家统计局的两个课题组认为“绝对贫困者是指在一定的社会生产方式和生活方式下，

① 参见林松龄．贫穷问题．见杨国枢，叶启政．台湾的社会问题［M］．台北：巨流图书公司，1991，101.

个人和家庭依靠劳动所得和其他收入不能维持其基本的生存需要，生活不得温饱，劳动力再生产难于维持，这样的个人（或家庭）称为贫困人口（或家庭）。……相对贫困是指相比较而言的贫困，即生活水平最低的那一部人（如占总人口的5%）为处于相对贫困的人口，有的机构和组织，曾将收入只及（或少于）总体收入的1/3的社会成员视为相对贫困人口"①。童星和林闽钢（1993）认为绝对贫困是"泛指基本生活没有保证，温饱没有解决，简单再生产不能维持或难以维持"的状态；相对贫困是"温饱基本解决，简单再生产能够维持，但低于社会公认的基本生活水平，缺乏扩大再生产的能力或能力很弱"。此后，还有很多学者进行了相关的界定，田飞（2010）认为绝对贫困是"缺乏维持生存的基本物质条件"，相对贫困是"相对一定社会的中等生活水平而言的贫困"。一般说来，绝对贫困是一种客观定义，强调"延续生命"这一概念；相对贫困是一种主观定义，重点强调社会成员之间生活水平的比较，带有明显的价值判断含义。

绝对贫困和相对贫困是建立在不同标准上的概念，所强调的重点不同，绝对贫困强调的是"维持生存就是延续生命的最低需求"，而相对贫困则是以一定的标准所判断的概念，有着很大的主观性。

综上所述，从贫困的概念上，可以看到它有经济学中以收入界定的概念，也有社会学社会排斥和政治学中的权利剥夺的概念，而本书则立足于经济学范围内的研究，是经济学意义上的贫困，即收入贫困、消费不足或者资产的缺乏，不涉及精神、权利、社会排斥等领域。

1.2.5.2 贫困减缓

贫困作为一种复杂的社会现象，人类社会针对贫困的努力一直没

① 参见《中国城镇居民贫困问题研究》课题组和《中国农村贫困标准》课题组的研究报告，1990年.

有停止过。从发达国家来看，由最初所侧重减少贫困（poverty reduction）到减缓贫困（poverty alleviation）直至试图消灭贫困（poverty eradication），这一过程不仅表达出发达国家反贫困的阶段性，还反映了各阶段对反贫困的不同理解。而在发展中国家看来，在反贫困的阶段性和多样性中，贫困治理融合了实现社会经济发展和减缓贫困的双重目标。根据反贫困的过程，这里以贫困减缓表示贫困减缓、缓解直至消灭的过程。

综上所述，反贫困离不开经济发展，没有持续的经济增长，反贫困就不具有稳定性和连续性。此外，还需要考虑收入分配因素，只有贫困群体分享了经济发展的成果，经济增长的减贫作用才能发挥。许多研究证明了，金融发展不仅与经济增长相关，同时也能影响收入分配，因此，所谓的金融发展减贫，即以促进金融发展的方式促进经济增长、提高收入水平，从而达到贫困减缓的效应。

1.3 研究目标与研究内容

1.3.1 研究目标

本书的研究目标主要有：

首先，明确制度质量、包容性金融发展的测量维度，构建出制度质量对包容性金融发展的作用机制，以及制度质量对包容性金融发展减贫的影响机理。本书在已有成果的基础上，结合我国实际情况，构建影响机制，并深入分析。

其次，验证制度质量、包容性金融发展与贫困减缓的关系。构建数理分析模型，以我国关数据实证检验包容性金融发展的减贫效应，制度质量对包容性金融发展的影响程度，进一步检验制度质量在包容性金融发展与减贫中作用程度。

最后，提出促进我国包容性金融发展及提高其减贫效应的制度安排建议与对策。当前，我国减贫已经进入攻坚阶段，本书的结论为完善金融体系建设与促进金融改革提供借鉴，从而为推动改革成果共享提供政策制定的参考思路。

1.3.2 研究内容

如图 1.3 所示，本书将在明晰包容性金融发展、制度质量等相关概念基础上，以制度经济学、金融发展学、福利经济学等理论为基础，构建制度质量、包容性金融发展与减贫的理论分析框架，并构建模型、分析变量构成、提出理论假设，并进行实证分析。

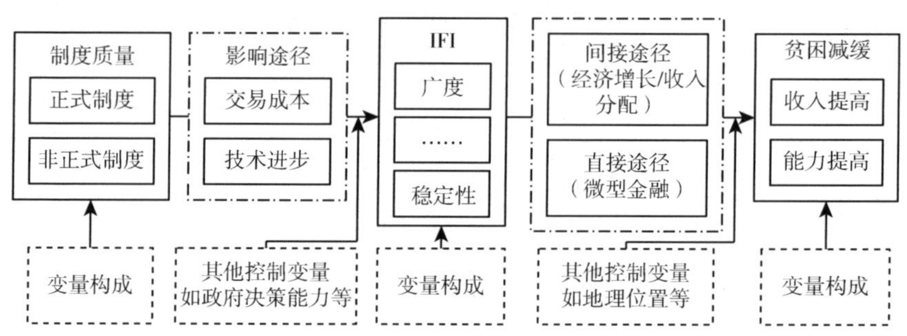

图 1.3 研究框架与内容

具体研究以下五个方面的内容：

（1）构建制度质量、包容性金融发展与减贫关系的理论框架。

在金融发展学、制度经济学、福利经济学等相关理论基础上，结合典型实践案例，识别制度质量影响包容性金融发展的途径，构建包容性金融发展的制度分析框架；在此基础上，分析制度质量对包容性金融发展与减贫的作用机制，从而构建本书研究的理论分析框架。

（2）制度质量、包容性金融发展、贫困的变量构成分析与测算。

①将制度质量分成正式制度（如法律制度、经济制度、政治制度等）和非正式制度（如社会网络等），构建指标体系，借鉴 Kaufmann等(2008)的方法进行测算，根据样本，利用（0，1）变量对制度质量进行测量。

②借鉴作者对金融发展变量构成的分析，分别从广度、深度、效度和稳定性四个方面设计包容性金融发展测量维度，结合世界银行2014年报告以及我国金融改革实践，选取合适的指标，并采用宏观或微观数据进行计算。

③贫困包括绝对贫困和相对贫困两个层次，本书选取作者在已有的研究中所采用的相对贫困指标测算贫困变量；同时考虑到能力缺乏对贫困的影响以及我国实际以农村人均消费水平测量。

（3）制度质量对包容性金融发展影响的经验检验。

根据提出的理论框架，构建数理模型，加入如政府决策能力、人力资本、经济开放等控制变量，以我国动态面板数据，分别实证检验正式制度和非正式制度，以及综合制度质量对包容性金融发展的影响。考虑到时间依存的影响，在实证分析中加入制度质量的平方这一控制变量，验证两者之间随时间变化的“U”型特征是否存在。

（4）制度质量对包容性金融发展减贫影响的经验检验。

在前述理论与实证分析的基础上，进一步提出制度质量影响包容性金融发展减贫效应的相关假设，构建数理模型，加入包容性金融发展减贫间接路径（经济增长、收入分配等）的代理变量，以及其他控制变量，如地理位置等，进行模型参数检验，并采用系统GMM方法对研究假设进行验证。

（5）促进包容性金融发展、提升其减贫效果的制度安排建议与对策。

根据所得结论，结合国外可借鉴的实践经验，提出促进我国包容性金融发展及其提升其减贫效果的制度安排建议及对策（如经济制度、法律制度、金融监管等)，为我国完善金融体系建设与金融改革提供参考与借鉴。

1.4 研究思路和研究方法

1.4.1 研究思路

研究思路与技术路线如图1.4所示。

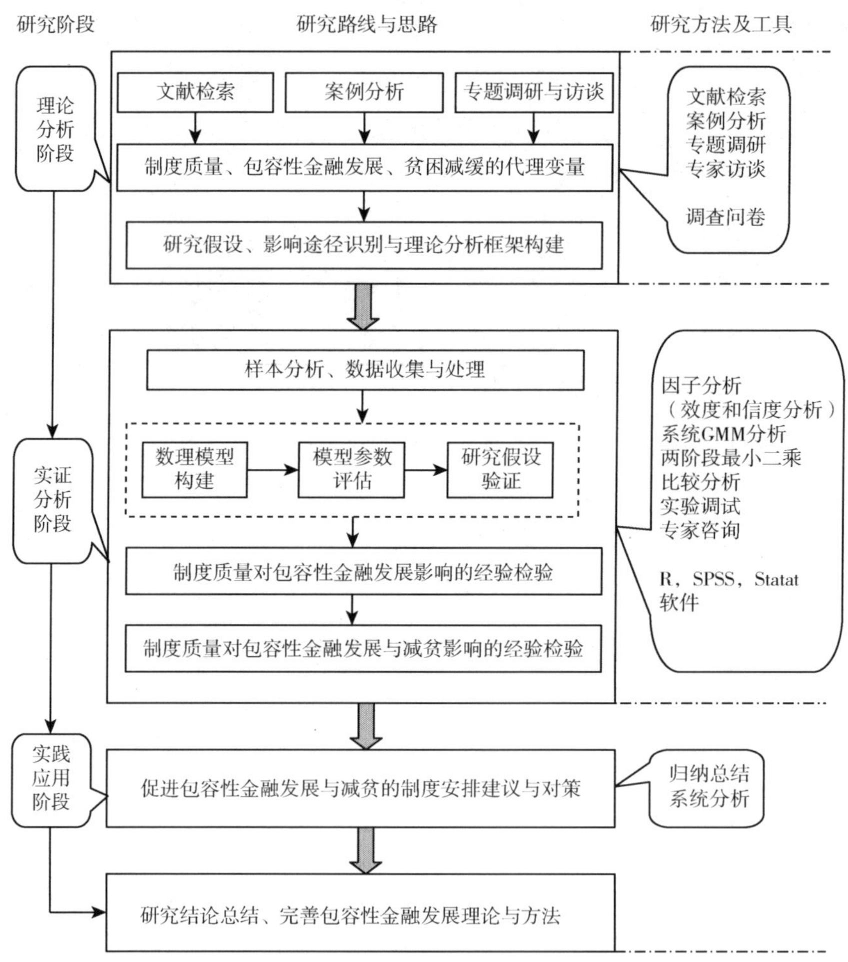

图1.4 研究技术路线与思路

第一，进行理论研究，构建理论分析框架。进行相关文献的检索与整理，对相关理论进行归纳总结，在此基础上对制度质量、包容性金融发展和贫困减缓进行感念界定，确定制度质量、包容性金融发展和贫困的变量构成以及测量方法；进一步，提出研究假设、识别制度影响包容性金融发展以及制度影响包容性金融发展减贫的途径，深入分析作用机制，构建理论分析框架。

第二，进行实践调研。在理论的指导下，以实践调研的方式对数据进行采集，并以小规模专家访谈、案例分析等方法对我国包容性金融发展特点进行分析。在对我国省级样本数据进行分析与处理基础上，构建数理分析模型，加入相应的控制变量，确定其在数理模型中的表达方式；进一步，采用相应的软件评估模型参数，验证研究假设，完成制度质量对包容性金融发展影响的实证分析以及制度质量对包容性金融发展与减贫影响的实证分析。

第三，理论与实证分析结果的实践应用。根据理论分析和经验检验结果，采用系统分析法分析讨论促进我国包容性金融发展及提高其减贫效应的制度安排思路、实施步骤与对策建议。并对研究结论进行总结和对未来的研究进行展望。

1.4.2 研究方法

第一，理论与实践相结合的方法。理论是研究的基础，实践是对理论的检验。本书以相关理论为指导，对我国实际问题进行分析。通过文献检索对理论与文献进行梳理；对典型实践案例进行分析，总结可借鉴的模式；设计调查问卷，选择典型的地区进行专题调研，结合小规模专家访谈，形成调研报告；结合预研究分析结果确定变量构成，构建理论分析框架，提出研究假设。

第二，定性分析与定量分析相结合。对我国包容性金融发展、制度、贫困问题进行定性分析，并采用动态面板 GMM 估计、两阶段

OLS 估计方法，综合运用 SPSS 软件、Stata 软件、R 软件和 EViews 软件等对我国实际数据进行定量分析，从而保证研究的科学性与可信性。同时，比对检验结果，进行专家咨询与实验调试。

第三，规范分析与系统分析相结合。运用规范分析的方法，以相关的理论为基础，对相关研究成果进行归纳和演绎，构建制度质量、包容性金融发展与贫困减缓的分析机制，作为全书分析的基础，并运用系统分析法对相关结论进行总结，提出政策启示和对策建议。

综上所述，本书的研究将充分应用金融学、经济学、统计学、管理学等学科方法，进行优势互补，从而实现全面系统的分析，遵循理论指导实践，实证验证理论的思路，层层递进分析，从而使研究过程有理可循、有据可依，使结论与现实相符。

1.5 可能的创新与不足之处

1.5.1 可能的创新

第一，构建了制度、包容性金融发展和贫困减缓的分析框架。减贫是世界关注的主题，影响减贫的因素也很多，但是，综合国内外研究，尚缺乏包容性金融发展的制度决定的探讨，以及制度对包容性金融发展减缓贫困影响的分析。本书以国内外研究成果为基础，构建了制度—包容性金融发展、制度—包容性金融发展—贫困减缓综合影响作用机制，丰富了金融发展的相关研究成果。

第二，以相应的指标体系构建了包容性金融发展指数、综合制度质量指数，并对我国 2006 ~ 2015 年 31 个省区市的包容性金融发展、综合制度质量进行测度，分析了包容性金融发展、综合制度质量地区差异的特点，进一步验证了包容性金融发展的减贫效应。这一研究提供了中国样本数据的证据。

第三，采用系统GMM方法和两阶段最小二乘法实证分析了制度质量、制度稳定对包容性金融发展的作用，以及正式制度与非制度对包容性金融发展的影响。进一步分析了制度质量与包容性金融发展在贫困减缓中的替代关系，丰富了相关实证文献，充实了包容性金融发展减贫以及相应制度框架分析的文献。

1.5.2　存在的不足

由于数据、资料缺乏以及本人能力水平等多方面因素的影响，本书可能存在着以下不足之处。

第一，包容性金融发展有着广阔的内涵，但是考虑到我国金融发展的特点以及金融发展在减缓贫困中的实践，在包容性金融发展测度指标的选取上，虽然划分了四个维度，并尽量体现金融服务的提供主体，但因数据限制，未将互联网金融、小额信贷等涵盖进来。现阶段，随着技术进步和互联网的应用，互联网金融、小额贷款公司等在一定程度上也发挥包容性金融发展的减贫效应。但由于互联网金融产生时间较短，其效应还未完全发挥出来，并且风险性也较大，而小额贷款公司的业务又受限，与一般的金融机构不同，因此，并不影响包容性金融发展的测度，但随着时间的推移，未来的研究可以根据实践情况，扩大包容性金融发展测度指标的覆盖范围。

第二，制度内涵丰富，尽管本书跟随经典研究，将制度分为正式制度和非正式制度进行测度，并采用较为客观的方法构建了制度指数，分别对正式制度质量、非正式制度质量和综合制度质量进行测度。但在正式制度和非正式制度的指标选取中，没有将文化、宗族等影响包容性金融发展的非正式制度因素包含进来。

第三，由于统计数据的限制，本书在实证中以农村人均消费水平对贫困减缓进行了测度，这一代理变量虽然不影响最后的结论，但可能不够规范。

制度质量、包容性金融发展与减贫的关系研究

Chapter 2

第2章　文献综述

2.1 相关理论基础

本书的研究目标之一，是寻求制度、金融与贫困减缓的内在规律。因此，制度经济学、金融发展理论以及贫困减缓理论是重要的理论基础。

2.2.1 金融发展理论

包容性金融发展是金融发展的重要方式之一。因此，金融发展理论是本书重要的理论基础。金融发展理论经历了金融结构论、金融抑制与深化论、内生金融中介论的进程，目前，颇受关注的是金融发展因素及其福利效应的研究。

2.2.1.1 传统的金融发展理论

（1）金融结构论。

1969 年，Goldsmith 在其著作《金融结构与金融发展》一书中首先提出并系统分析了金融结构理论。他假设金融系统规模与金融服务供给和服务质量正相关，用“金融相关比率（FIR）”，即金融中介资产与 GNP 的比值，衡量金融发展水平。第一次使用跨国数据，以 35 个国家 104 年（1860～1963 年）数据进行实证研究表明：金融发展与经济增长同时发生，经济增长迅速的时期总是伴随着金融的快速（超过平均速度）发展。通过分析，Goldsmith 认为金融机构“通过将社会资金配置到最有效率的部门加速了经济增长、改善了经济增长的质量”，一国的金融发展水平取决于金融工具、金融机构和金融结构，而金融发展水平与经济发展水平之间存在着正相关关系，金融发展对经济增长有着重要的影响。

尽管，金融结构论被认为需要进一步完善，如忽视了其他控制变量影响等问题，但这一理论却是第一次将金融发展作为一个相对独立的领域引入经济学研究范围，因此，这一理论一直被看作是金融发展理论的基石。

（2）金融抑制论。

1973年，Mckinnon在其著作《经济发展中的货币与资本》中提出金融抑制论（financial repression），所谓金融抑制是“中央银行或者货币管理当局对各种金融机构的市场准入、市场经营流程和市场退出按照法律和货币政策实施严格管理，通过行政手段严格控制各金融机构设置和其资金运营的方式、方向、结构及空间布局”①。

Mckinnon认为，发展中国家对利率与汇率的管制，扭曲了利率和汇率水平，从而金融市场不能反映真实的资金关系。政府通过干预金融机构控制利率水平，在发展中国家普遍存在的通货膨胀情况，实际利率水平一般为负，从而导致信贷配置效率下降，银行储蓄下降，投资减少，削弱了金融体系集聚金融资源和资金配置能力，最终导致了经济发展缓慢以及对外国的依赖。在金融抑制论中，Mckinnon将货币定义为M2，而实际分析中，却排除了银行体系的存款，因此，存在相互矛盾的货币定义，但这一矛盾并不影响基本结论的成立。

（3）金融深化论。

1973年，Shaw出版了《经济发展中的金融深化》一书，提出了金融深化（financial deepening）的概念，扩展了金融发展理论的研究。他认为金融深化表现为金融规模不断扩大、金融工具和机构的不断优化以及金融资源的优化配置三个方面，这三方面互相作用。针对Mckinnon提出的金融抑制现象，Shaw指出只有取消金融抑制政策，放松利率和汇率管制，减少政府干预，控制通货膨胀率，才能提高金融体系集聚金融资源和资金配置的能力。在发展中国家，金融的自由

① 谈儒勇. 金融发展理论与中国金融发展［M］. 北京：中国经济出版社，2000. 15.

化有利于动员储蓄资金并转化为生产性投资，促进经济发展；反过来，经济发展也可以增加对金融服务的需求，从而实现利率、储蓄、投资与经济增长的协调发展。Gupta（1987）在其选择的亚洲及拉丁美洲国家的研究中也发现了一些支持金融压抑主义者的观点证据，利率自由化有利于发展中国家产生高水平的储蓄。其后，Kapur（1976）、Galbis（1977）、Mathieson（1980）和 Fry（1978，1988）等分别从劳动力和固定资本、实际利率、投资等角度对金融深化论进行了实证和扩充。

综上所述，可以看出金融抑制与金融深化是一个事物的两个方面，虽然表述不同，但是均认为金融发展与经济增长存在着相互推动和相互制约的关系，适当的金融改革，解除金融压制，有利于增加储蓄，促进投资，从而有效地促进经济增长与金融发展的良性发展。“金融抑制”和“金融深化”理论的提出，被认为是发展经济学和货币金融理论的重大突破，标志着金融发展理论的正式形成。许多发展中国家货币金融政策的制定及货币金融改革的实践都深受这两个理论的影响。

（4）金融约束论。

1997 年的亚洲金融危机极大地否定了金融自由化可以实现金融深化的政策目的，因此，很多学者开始探讨金融市场失效的原因，较著名的研究如 Hellman，Murdock 和 Stiglitz（1997）在《金融约束：一个新的分析框架》一文中关于金融约束的理论研究。

Hellman 等认为，发展中国家的金融发展落后，存在逆向选择或道德风险，从而导致低效的信贷配给；另外，利率的变化可能带来产出的增长或经济增长的抑制。因此，政府应发挥积极作用，通过控制存贷款利率、限制市场准入，甚至直接管制竞争等金融政策，为金融和企业部门获得租金创造机会，调动金融企业、生产企业和居民等各个部门的生产、投资和储蓄的积极性，从而缓解信息不对称问题，推动经济增长和金融发展。

他们认为，宏观经济环境稳定，通货膨胀率较低，实际利率为正等是金融约束达到最佳效果的必备前提，否则，可能变为金融压抑。在金融约束下，控制存款利率形成的存贷利差，尤其为金融中介创造了租金机会，使竞争性的活动递增收益和福利，促进金融深化。然而，在金融压抑下，政府造成的高通胀使其财富由家庭部门转移至政府手中，政府又成为各种利益集团竞相施加影响进行寻租活动的目标，其本质是政府从民间部门夺取资源。因此，金融约束不等同于金融压抑。

2.2.1.2 功能观下的金融发展理论

20世纪80年代以内生增长理论为代表的金融发展理论更侧重于金融功能方向的研究。Romer、Lucas和Mattiessen是这一理论的主要代表，他们认为金融结构会不断地发生变化，但是金融功能具有相对稳定性。很多学者分析了金融中介的主要功能，认为金融中介具有支付清算（Gurley & Shaw，1960）、信息提供（Leland & Pyle，1977）、降低交易成本（Benston & Smith，1976）、监督（Diamond，1984）、风险管理功能（Allen & Santomero，1998）。

Merton和Bodie（1993，1995）在前人研究基础上，探讨了金融作用于经济增长的机制，提出了“金融功能观”，认为金融体系具有六大基本功能：（1）支付清算。即通过为商品、劳务和资产交易及资本转移提供支付清算服务，降低成本。这一最基本功能主要由商业银行、非银行金融机构承担。（2）资源配置。即通过提供储蓄投资转化，实现资金的融通与金融资源的配置，这一功能主要通过金融中介和金融市场两种方式实现。（3）资源转移。即在不同的时间、地理空间及产业之间进行资源转移，如促进家庭消费在生命周期内的有效配置，把经济资源有效地配置到具有生产力的企业中，从而促进生产专业化的比较优势发挥，达到资源的合理有效配置。（4）风险控制。即通过专业化管理、产品设计、套期保值、投资组合等多种方式为家庭和企业提供聚合和分担风险的机制。这一功能主要通过政府对金融中介支付能力和流动性的监管来推动。（5）信息提供。即低成本、高效快速地为企业和家庭提供价格及波动信息，从而协调资产配置和消费储蓄的分散决策。一般来说，所提供的信息越多，越有利于避免逆向选择问题，也就越有利于资源配置的决策。（6）激励提供。即在委托代理的信息不对称条件下，通过金融工具创新、金融工程等方法降低激励问题对企业外部融资成本、风险管理的不良影响，从而促进激励相容。金融体系的这六种功能不是孤立的，各功能可以存在不同的金融机构的融合，各种金融机构也可能存在功能上的交叉。

金融功能观的发展提供了一个新的视角，并引起了很多学者的关注，例如，Levine（1997）进一步把金融体系功能概括为：便利交易、套期保值、多样化和分散风险；分配资源；监督合作管理；储蓄的调动；便利货物和服务交易。Rajan 和 Zingales（1998）认为，会计、信息披露和公司治理是重要的金融功能，有利于金融中介克服逆向选择和道德风险问题，促进经济增长。Allen 和 Gale（2000）把金融功能归纳为价值创造、流动性创造、风险分散、价格发现、信息生产和公司治理。这些研究有利地推动了金融发展与经济增长关系的研究，扩展了金融发展理论。

2.2.1.3 金融发展因素论①

20 世纪 90 年代末，学者们开始从经济学、法学、政治学和社会学等不同角度研究不同国家金融发展水平差异的内在原因，并进行相应的实证检验。

1998 年来自美国哈佛大学、芝加哥大学的四位学者 La Porta，Lopez-de-Silanes，Shleifer 和 Vishny（以下简称 LLSV）开创了法律金

① 国外的金融发展新理论主要参考了郑明海博士的相关总结。具体参见郑明海．开放经济下中国金融发展的生产率效应研究［D］．浙江大学博士学位论文，2008，9，14－19.

融理论的研究。法律金融理论是金融学和法学交叉的新兴理论，专门研究法律制度对金融发展的影响。LLSV（1997，1998）测度了 49 个国家的股东、债权人的权利指数和法律执行状况，发现了法律制度在金融发展中的重要作用，普通法较之大陆法系的国家，其股票市场和债券市场规模较大，并能给予投资者较强的法律保护。他们认为金融发展状况取决于法律制度的完善程度，保护投资者的法律越完善，金融发展水平越高。LLSV（2000a，2000b，2002）、Laeven 和 Majnoni（2003）等均作了相关研究，证明了法律完善程度与金融发展的正相关关系。Levine（2003）认为一国的证券市场不发达，源于其较差的投资者保护水平。LLS（2006）用 49 个国家股票市场的样本数据，实证分析法律制度与股票市场发展的关系，研究表明，法律强制信息披露而不是法律实施，对股票市场发展有着重要作用。

Rajan 和 Zingales（2003）将政治因素考虑进来，提出金融发展利益集团理论。他们认为，政治因素是决定一国金融活动的关键因素，来自金融业和其他产业的既得利益集团，在考虑维护既得利益时，通常不能从金融发展中获益，相反金融发展所导致的新企业进入，还会破坏金融机构与其他产业既得利益集团间的信用关系，因此，他们会采取阻挠金融发展的措施，从而导致各国金融发展水平的差异。这一理论强调了政治权力对金融资源配置的直接影响。

Stulz 和 Williamson（2003）以宗教和语言作为文化变量，分析了文化习俗对不同国家投资者保护权利的影响。Weber（1930）认为宗教是资本主义增长的主要决定因素，而相同的语言便于信仰的交流和传播。因此，这两个变量不依赖目前的金融发展水平，从而避免陷入因果循环论证。Stulz 和 Williamson 研究发现，一国的宗教信仰以及语言习惯对债权人权利的法律保护以及法律的执行效率有着显著的影响，从而与金融发展有着密切的联系。

Guiso，Sapienza 和 Zingales（2004）证明了信用对金融发展的影响，社会资本是信任水平的重要决定因素，而信任又构成融资合约的本质，因此，信任度越高的地区，金融发展水平越高。

无论是国外还是国内的金融发展理论，主要的研究还是集中于与经济增长之间的研究，随着金融地位的越发突出，相关的研究领域也在扩大，逐步地与经济之外的政治、社会、法律、效率以及可持续发展相结合，使金融发展理论不断完善，并成为经济理论中的重要组成部分。

2.2.2 制度经济学的相关理论

制度经济学（institutional economics）是把制度作为研究对象的一门经济学分支，主要研究制度对于经济行为和经济发展的影响，以及经济发展如何影响制度的演变。随着研究的推进，制度经济学已经形成了一个流派众多、成分复杂的庞大理论体系。尽管如此，但其核心思想是一致的，即制度在经济发展中具有重要的作用。作为重要投入要素，良好的制度能降低交易成本促使社会产出最大化（North，1994），对经济增长有着重要作用。从其发展历程上看，主要经历了旧制度经济学和新制度经济学两个阶段①。

2.2.2.1 旧制度经济学

有关制度的论述可以追溯到古典和新古典经济学，例如，18 世纪亚当·斯密（Adam Smith）的《国民财富的性质及其原因的研究》，他在其著作中阐明了制度对国民财富增长的作用。而以马歇尔

① 20 世纪 40 年代，由于凯恩斯主义的兴起，制度学派被忽视，直到 60 年代，制度主义重新兴起。这一时期，出现了两个“新”制度经济学：以加尔布雷斯、缪尔达尔等经济学家为代表的“Neo-institutional Economics”，以科斯、诺斯等为代表的“New-institutional Ecoonomics”。为了区分这两支制度学派，国内一般将以加尔布雷斯等人为代表的制度学派称为后制度经济学，而将以科斯等为代表的制度学派称为新制度经济学，并且新制度经济学已经成为以科斯为代表的制度经济学派的专有名词。因此，本书将科斯之前的理论统称为旧制度经济学。

为代表的新古典经济学虽然认可制度对经济体系的作用，但却将制度外生给定，忽视了制度变迁与经济效应的关系。

19 世纪末 20 世纪初，新古典经济学家对经济增长“困境”无能为力，凯恩斯主义学说亦受到重挫，已有的主流经济理论无法解释经济危机频发的原因。此时，以 Commons 和 Veblen① 为代表的制度学派，采用历史描述的方法分析了社会经济现象，分析了制度对经济发展的作用。这一研究是对新古典经济学的重大发展②。

Veblen 作为制度主义的创始人，强调了制度和文化心理因素的分析，认为人类社会制度的演变是思想习惯不断变化的结果，并认为“企业经营”和“机器利用”是资本主义制度的根本矛盾。在生物演化论的基础上，Veblen 提出了制度演进理论，认为生物进化论同样适用于人类社会，社会结构的演进是制度的自然选择过程，社会进步是适者生存的“制度”适应环境的结果。制度必须随着改变，这一制度变迁即社会的发展。

Commons 是早期制度经济学说的另一重要代表人物。与其他制度主义者一样，他认为利益冲突（财富的生产者和消费者之间的差异）是制度经济学的出发点，并将“交易”作为制度经济学的基本分析单位，将之分为买卖交易、管理交易和限额交易（政府与个人的关系）。Commons 认为“集体行动对个体行动的控制”中，法律的作用不可忽视，即提出了法律居先于经济的理论。

2.2.2.2 新制度经济学

20 世纪 60 年代以来，新制度经济学的出现是经济学中最为引人

---

① Veblen 从人的本能分析制度，并对资本主义制度的弊端进行了批判。Commons 则提出了“法律先于经济”的观点，并对交易进行了分类和研究。

② 制度经济学的代表人物 Hayek、Coase、North、Sen、Williamson 分别获得 1974 年、1991 年、1993 年、1998 年、2009 年诺贝尔经济学奖。

瞩目的。科斯（Coase）是新制度经济学[①]的创始人。1937 年，Coase 在其著作《企业的性质》中首次提及“交易费用”，并将其引入企业和市场经济分析[②]。交易费用是新制度经济学的核心和基础理论，而新制度经济学的“新”就在于，与旧制度经济学相比，它基于交易成本的概念提出了制度与制度变迁的经济理论。

1960 年，Coase 又在《社会成本问题》[③] 中讨论了产权制度对降低社会成本、保证资源有效配置的作用。Coase 认为，当交易成本为零时，传统的经济学理论中的市场机制是充分有效的，而考虑了交易成本后，市场机制将因外部性的存在而失灵。这一有关产权、交易成本与资源配置的论述，后被称为科斯定理[④]。产权制度被证实纳入经济学的分析，并成为新制度经济学发展的重要基础。此后，一些经济学家将交易费用应用于市场、组织等多方面的研究，形成了新制度经济学的交易成本理论、产权理论、制度变迁理论、法经济学理论等[⑤]。

相比来看，新制度经济学将制度作为内生变量，其目标是促进制度实现均衡，因此，是对传统古典经济学突破。但是由于研究方法的不同，到目前为止，新制度经济学仍然没有一个统一的理论，Menard 和 Shirley（2014）指出新制度经济学更像是一场经济学的运动，该学派的几个分支有很多分歧亟待弥合。即便如此，新制度经济学在中

---

① 但 Coase 认为最早提出“新制度经济学”的是 Williamson。参见 Coase，2000，“The New Institutional Economics”，in Institutions，Contracts and Organizations，C. Menard (ed.)，Cheltenham，UK & Northampton，MA，USA：Edward Elgar. P3.

② 1991 年 12 月，Coase 在接受诺贝尔经济学奖时发表《生产的制度结构》演讲，指出：“这篇文章的最重要的东西，是将交易费用明确地引入了经济分析。”

③ 《企业性质》创造了新制度经济学，而《社会成本问题》则标志着新制度经济学的形成。

④ 1966 年斯蒂格利茨在《价格理论》中首先给予命名。

⑤ 相关理论参见袁庆明．新制度经济学．上海：复旦大学出版社，2012. 李炳炎．新制度经济学的本质及其对中国经济改革的影响评析［J］. 马克思主义研究，2010，26 (11)：5－10.

国仍有很大的影响力，我国实行社会主义经济改革，应通过理顺共有产权关系来完善社会主义经济体系（李炳炎，2010）。

2.2.3　贫困与贫困减缓理论

2.2.3.1　贫困理论

（1）马尔萨斯的贫困理论。

贫困理论是对导致贫困的深层次原因的探讨。从理论上溯原，最早对贫困问题进行探讨的是马尔萨斯，他将贫困理论的主要内容概括为三点：一是人类自身的繁衍会导致人口在食物供应允许的范围内最大限度的扩张；二是人口加速增长所带来的劳动力供给的增加，会对既定的土地资源形成压力，一旦恶化，其结果只能是饥荒和死亡的增长；三是从长期看，食物供应是按算术级数增长，而人口则是按几何级数增长的，因此贫困是不可避免的。马尔萨斯从资产阶级立场辩护劳动阶级贫困的原因，认为贫困与资本主义私有制度无关。

（2）马克思的贫困理论。

马克思的贫困理论是最早从制度层次上揭示贫困根源的。马克思在《1844 年经济学哲学手稿》和 1867 年出版的《资本论》深刻揭露了资本主义制度下无产阶级贫困化的本质及其增长趋势①。马克思认为资本主义生产的本质就是生产剩余价值，随着资本集中和资本有机构成的提高，资本家用于购买生产资料的不变资本相对增大，用于购买劳动力的可变资本相对减少，从而产生相对过剩人口。这个相对过剩人口经济生活状况每况愈下，这是伴随资本积累发展的无产阶级贫

① 王朝明．马克思主义贫困理论的创新与发展［J］．当代经济研究，2008，（2）：1－7．

困化明显趋势。“工人人口本身在生产出资本积累的同时，也以日益扩大的规模生产出使他们自身成为相对过剩人口的手段。这就是资本主义生产方式所特有的人口规律”①。因此，失业和贫困完全是资本主义制度的产物，资本主义制度下的资本积累必然给无产阶级带来的是贫困，而给资产阶级带来财富。无产阶级摆脱贫困的唯一出路是“剥夺者被剥夺”。马克思的贫困理论中消除贫困、实现人的全面自由发展的思想，对现阶段消除绝对贫困有者重大的理论和实践意义。

（3）“恶性循环贫困”理论。

美国经济学家 Narkse 在 1953 年出版的《不发达国家的资本形成》一文中，系统地考察了发展中国家的贫困问题，探讨了贫困的根源和摆脱贫困的途径。Narkse 认为，发展中国家之所以存在着长期的贫困不是因为这些国家资源不足，而是因为这些国家存在“贫困恶性循环”。从资本供给方面看，存在“低收入→低储蓄能力→低资本形成→低生产率→低产出→低收入”的恶性循环。从资本需求方面看，也存在“低收入→低购买力→投资引诱不足→低资本形成→低生产率→低产出→低收入”的恶性循环。这两个恶性循环相互影响、相互作用，必然导致发展中国家长期处于经济停滞和贫困之中，因此，Narkse 得出“一国穷是因为它穷”的著名命题。想打破恶性循环，必须大规模增加储蓄，扩大投资，促进资本形成。Narkse 的理论反映了发展中国家贫困的特征，但是由于过分强调储蓄作用和资本积累的重要性，因此受到很多学者的批评。

（4）“低水平均衡陷阱”理论。

1956 年，美国经济学家 Nelson 发表了《不发达国家的一种低水平均衡陷阱理论》一文，利用数学模型分别考察了发展中国家人均资本与人均收入、人口增长与人均收入增长、产出增长与人均收入增长的关系，并综合研究了在人均收入和人口按不同速率增长的情况

① 马克思恩格斯全集（第 23 卷）［M］. 北京：人民出版社，1973. 692 – 708.

下，人均资本的增长与资本形成问题。他认为，发展中国家的经济表现为人均收入处于维持生命或接近维持生命的低水平状态，即“低水平均衡陷阱”。只要人均收入低于人均收入的理论值，国民收入的增长就被更快的人口增长所抵消，使人均收入回到维持生存的水平上，并且保持不变；当人均收入大于这一理论值，国民收入超过人口增长时，人均收入相应增加，直到国民收入下降到与人口增长相等的水平，在这一点上，人口增长和国民收入达到新的均衡。因此，在一个最低人均收入水平增长到与人口增长率相等的人均收入水平之间，存在一个“低水平均衡陷阱”。发展中国家必须进行大规模的资本投资，使投资和产出的增长超过人口增长，才能冲出“低水平均衡陷阱”。

（5）“临界最小努力”理论。

为了进一步说明发展中国家贫困的原因，找到摆脱贫困的途径，美国经济学家 Leibenstein 于 1957 年提出了经济发展“临界最小努力”理论。这一理论主张发展中国家要打破低收入与贫困之间的恶性循环，必须首先保证足够的投资率，即“临界最小努力”，以使国民收入的增长超过人口的增长，从而使人均收入水平得到明显的提高。这一理论强调了资本形成对促进经济发展的重要性。这对于认识发展中国家的经济现状及摆脱贫困具有重要的启发意义。

（6）“循环积累因果关系”理论。

这一理论是 Gunnar Myrdal 在 1957 年提出的。与其他研究贫困问题的学者不同的是，Myrdal 反对套用古典经济学的理论和方法研究发展中国家的贫困问题。他通过研究发现，制度和观念中包含的经济和社会权力关系阻碍了发展中国家发展。在动态的社会经济发展过程中，各种因素是相互影响、互为因果的，一个因素的变化，会引起另一个或另一些因素发生相应的变化，并产生次级变化，强化先前因素，使经济发展过程沿着原先因素的发展方向发展，这是“累积性循环”。这样，收入水平低是发展中国家贫困的重要原因，而产生低收入的原因是多方面的，但起重大作用的因素是资本形成不足和收入分配的不平等，因此，他主张通过权力关系、土地关系以及教育等方面的改革，实现收入平等，增加贫困人口的消费。

这一理论最大的特色，在于突破了 Narkse 的悲观论点，强调通过制度上一系列改革来提高资本形成和收入增长，同时，他还主张通过发达地区优先发展，“扩散”带动其他地区的发展。

（7）权力贫困理论。

印度经济学家 Sen A. 首次使用“权利方法”研究了贫困（饥饿）问题，从权利方法视角将贫困、饥饿视为“权利丧失”的结果，他认为贫困的实质是能力的缺乏，这一研究拓宽了对贫困理解的视野。Sen 的权利贫困理论集中反映在他的著作《贫困与饥荒》《饥饿与公共行为》中。

Sen 的贫困理论以饥饿这一特殊形态贫困为研究对象，认为一个人之所以饥饿，是因为他们没有支配食物的能力，因为他们未被赋予取得包含足够食物消费组合权力的结果。此外，Sen 突破了传统流行的将贫困等同于低收入的概念，提出贫困是基本能力的剥夺和机会的丧失，而不仅仅是低收入；低收入是获得能力的重要手段，良好的教育和健康的身体不仅提高生活质量，而且还能提高摆脱贫困的能力。也就说，贫困可以通过重建个人能力来避免和消除贫困。

2.2.3.2 贫困减缓理论

随着人们对问题认识的深化以及反贫困实践的进行，减缓贫困的战略也不断发展，从而形成了反贫困理论。

（1）资本形成减缓贫困。

资本一直被认为是稀缺要素，因此，最早的反贫困理论也是从解决资本形成问题入手。20 世纪 40 年代初，英国学者 Panl N. Rosebsten-Rodan 系统阐述了平衡增长理论。他认为，发展中国家贫困减缓，应在贫困恶性循环上打开缺口，作为发展的起点，实施全面增长的投资计划，创造互为需求的市场，减少单个企业不必要的开支，提供再投资的资本创造条件，从资本供给和需求两方面打破贫困的恶性循环，从而促进经济的全面增长。然而随着发展中国家工业化实践的进行，人们也对该理论提出了质疑，由于资本形成是一个逐步积累的过程，如果在一个生产资源极短缺的情况下，强行实施会产生严重后果。

（2）不平衡增长理论。

针对平衡增长理论的缺陷以及实践中的困难，Hirschman（1958）认为国民经济各部门之间的资本产出比率或利润率总是存在差异，会出现创新能力强、利润高的主导部门和比较落后、利润低的部门，因此应优先选择在若干战略部门进行投资，当创造出新的投资机会时，一个部门在投入和产出上与其他部门之间的联系效应就会带动整个经济的发展。具体而言，就是投资于制造业，制造业既能较快积累资金又能带动落后产业，从而促进经济增长，摆脱贫困状态。

基于这一理论，Perroux（1955）提出了发展极理论，丰富了不平衡增长理论的内涵。由于产业积聚形成的资本与技术高度集中，从而形成规模经济，并对周边地区形成强大辐射作用的“发展极”，通过发展极地区带动周边发展。

（3）人力资本减缓贫困。

20 世纪 60 年代，以美国经济学舒尔茨为代表的一些学者提出了人力资本理论，认为教育投资是重要的生产投资，而非消费。国家经济落后不在于物质资本的短缺，而在于人力资本的匮乏和对人力资本的轻视。这一理论将研究视线引向了“人力”，并使人们认识到“人力”是经济发展的主要因素。

此外，Myrdal 在论证“循环积累因果关系”理论基础上，认为发展中国家的反贫困，应进行土地改革、教育改革、权力关系改革等，实现贫困减缓。

2.2 相关文献述评

2.2.1 国外文献研究综述

自20世纪90年代，金融发展对贫困减缓的作用得到了广泛的关注，大量的跨国数据样本和特定国家分析证明了金融发展可以通过经济增长和收入分配两个间接途径影响贫困减缓，如Dollar和Kraay（2001）、Townsend和Ueda（2003，2006）、Jeanneney和Kpodar（2005，2008）等的跨国数据研究，以及张立军和湛泳（2006）、杨俊等（2008）、苏基溶等（2009）、丁志国等（2011）、崔艳娟和孙刚（2012）等对我国时间序列或省际面板数据的分析。此外，金融发展也可以通过微型金融或金融服务提供直接作用于贫困群体（米运生，2009；崔艳娟，2014），同时很多文献也提出金融波动对金融发展减贫的不利作用（Jeanneney & Kpodar，2005，2008；陈银娥和师文明，2010；崔艳娟和孙刚，2012）。由此，除了金融发展规模、效率外，金融发展减贫的效果还与金融服务的稳定性有关。银行机构数量的扩大、面向贫困群体金融产品种类的增加，能提高贫困群体和小微企业借贷以及生产投资（如儿童教育的人力资本和农业机械等物质资本），扩大金融服务可获性（Allen et al.，2013），从而有效地增加其收入水平、平滑消费、提高其资产等受冲击的承担能力（Sen，2010），避免贫困的产生。

2.2.2.1 包容性金融发展与贫困减缓

作为金融发展重要方式之一的金融包容性发展，其目标就是将金融排斥（financial exclusion）的群体纳入正规的金融服务体系中（Fernandez，2006；Mohan，2006），保证经济体内所有成员能容易获得和使用正规的金融服务。包容性金融发展，也即金融发展对贫困群体的包容，可以通过提高家庭储蓄额（Ashraf，et al.，2006）、增加健康保障投入和收入水平（Dupas et al.，2013）、扩大妇女参与权（Swamy，2014）等途径实现减贫。

Honohan（2008）将金融机构宏观数据与微观调研数据结合，用成年人使用正规金融账户比例，验证了家庭金融服务的可获性越大，收入不公平越低。也就是说，包容性金融发展有利于贫困减缓。Chibba（2009）认为包容性金融发展是解决贫困的有益方法，且能促进亲贫式增长，有利于实现减少贫困、缩小收入差距等千年发展目标。Allen 等（2012）发现以正式账户使用所测度包容性金融发展对个体有着积极的影响。进一步分析了采用 123 个国家和 124000 个体作为样本，发现账户成本越低、距离金融中介越近，金融服务的可获性越高。Demirgüç-Kunt 和 Klapper（2013）以银行账户拥有量、银行账户储蓄额和贷款余额作为包容性金融发展指标，采用 148 个国家跨国数据实证了包容性金融发展对贫困减缓的作用，同时发现世界上 50% 的成年人因成本、距离、程序要求等，难以获得金融服务。Bruhn 和 Love（2014）采用自然实验方法对墨西哥 800 个银行机构进行分析，发现劳动力市场是金融服务获取的重要途径，金融服务的可获性对劳动力市场活动和收入水平有着重要的作用，尤其是对于低收入群体和银行较少地区的群体，作用尤为明显。这一研究给出了金融服务可获性对贫困减缓的新证据。Swamy（2014）构建面板数据差分模型，用最小二乘法和系统 GMM 方法验证了性别、包容性金融发展与贫困减缓的关系，结果表明包容性金融发展对女性的收入效应为 8.4%，而男性仅为 3.97%。包容性金融发展对贫困减缓有着积极的影响，但性别毫无疑问地影响了这一效果。Karpowicz（2014）认为包容性金融发展对哥伦比亚的发展战略非常重要。对贫困群体的小额信贷、正规金融体系的使用、电子支付等包容性金融发展使金融服务的成本可承担，因此，对哥伦比亚的经济增长和贫困减缓有着重要作用。Dabla-Norris 等（2015）从金融服务的可获性、深度和中介效率三个维度选取了成本、抵押品、利率差和违约可能性 4 个指标，用低收入国家（乌干达、肯尼亚和莫桑比克共和国）和新兴市场国家（马来西亚、菲律宾和埃及）样本，验证了包容性金融发展在经济增长、收入不均以及改善社会福利的作用。Park 和 Mercado（2015）采用 ATM 数量/十万成年人、商业银行机构数量/十万成年人、存款人数/千成年人、贷款人数/千成年人以及国内贷款额/GDP5 个指标构建金融包容指数以发展中国数据证明了金融包容对贫困减缓的积极作用。同时指出，理解贫困、收入不均和包容性金融发展的国家层面上的关系，有利于政策制定者设计和实施相关扩大金融服务可获性以降低贫困和收入不均的政策。Sankharaj 等（2017）实证分析了自主小组成员的包容性金融发展的影响因素，认为贫困群体以可负担的成本获取金融服务是实现社会可持续发展和贫困减缓的重要前提。

2.2.2.2 制度与包容性金融发展

包容性金融发展是金融发展的重要方式之一，但其研究是近年才兴起的，有关制度与包容性金融发展的直接研究较少，但相当多的文献探讨了制度（正式制度、非正式制度）对金融发展的影响。这些文献为探索包容性金融发展的制度因素提供了重要的参考。

有关制度对金融发展的影响，起源于 LLSV（1997，1998）开创的法与金融的研究。LLSV 分析了法律和产权制度对金融发展的影响，为后续制度与金融发展的研究提供了分析框架。LLSV（2002）、Levine（2003）、Beck 和 Levine（2004）、LLS（2006）、Djankov 等（2010）得到类似的结论，良好的法律环境能促进金融发展，金融发展水平的差异可以部分归因于法律环境①。

① 法律、政治制度对金融发展的影响在金融发展理论中做了相应的介绍，参见 2.2.1.3 部分。

Pagano 和 Volpin（2002）研究了政府干预与金融管制对银行、证券以及公司金融的影响，这一分析为国家金融发展水平差异提供了部分的解释。Rajan 和 Zingales（2003）、Beck 等（2003）分析了政治因素对金融发展的影响，并强调了政治干预对金融发展的重要作用。Bordo 和 Rousseau（2006）采用借鉴 Leblang（2003）的方法测度政治因素，以 17 个国家为样本，分析了政治环境对金融发展的影响，结果表明良好的政治环境能解释金融发展的差异。Keefer（2007）研究发现政治因素是金融发展的决定因素。Girma 和 Shortland（2008），Herger 等（2008）发现稳定的政治体系有利于提高金融发展水平。Roe 和 Siegel（2008）实证分析发现政治不稳定是金融发展国别差异的重要原因。Huang（2009）认为民主是政府促进金融发展的重要途径。但是这一研究却缺乏直接的研究证据。

De Soto（2000）分析作为制度之一的产权保护对金融发展的影响，认为缺乏产权保护将不利于金融发展。Johnson 等（2002）提出了产权与金融理论命题，他们以经济转轨国家为样本进行实证分析，结果表明产权缺乏保护，将严重阻碍金融业的发展。有效的产权制度是金融发展的前提。Claessens 和 Laeven（2003）、Mishkin（2009）通过经验分析证明了较好的产权保护和法律制度有利于提高金融发展水平。Acemoglu 和 Johnson（2005）、McNulty 等（2007）分析了作为经济制度的产权保护对金融市场发展的积极作用。Gries 和 Meierrieksy（2010）用 19 个非洲国家为样本，分析制度对金融发展的影响，结果发现良好的制度有利于促进金融发展。相比而言，有效的产权保护和政治稳定是促进金融发展的重要制度因素。

此外，还有一部分研究分析非正式制度对金融发展的影响，例如，Allen 和 Qian（2002）对中国的投资者权利与经济发展分析，发现当法律制度无法保护投资者权利时，历史文化的声誉和家庭关系将对金融发展的提供发挥作用。Stulz 和 Williamson（2003）分析了文化习俗对不同国家投资者保护权利的影响。Calderon 等（2001）分析了社会资本和金融发展的正向关系，并进一步提出信任是正式制度的重要补充。

Guiso，Sapienza 和 Zingales（2004）证明了信用所测度的社会资本对金融发展的影响。Kanatas 和 Stefanadis（2005）发现社会道德水平越高，社会腐败越少，产权越强大，经济增长率越高，金融发展水平也越高。国外代表性的研究如表 2.1 所示。

表 2.1　　　　影响金融发展的制度因素

<table>
<tr><th colspan="2">制度</th><th>文献来源</th></tr>
<tr><td rowspan="4">正式制度</td><td>法律制度</td><td>Glaeser & Shleifer（2002）；Djankov et al.（2002）；Beck，Demirgüç-Kunt & Levine（2003）；Roe（2006）</td></tr>
<tr><td>产权保护制度</td><td>Beck，Demirgüç-Kunt & Levine（2003）；Claessens & Laeven（2003）；Acemoglu & Johnson（2005）；Mishkin（2009）；Andrianova et al.（2012）</td></tr>
<tr><td>经济开放制度</td><td>Beck（2002）；Rajan & Zingales（2003）；Huang & Temple（2005）；Chinn & Ito（2006）；Law（2009）；Rachdi & Mensi（2012）</td></tr>
<tr><td>政治制度</td><td>Rajan & Zingales（2003）；Roe（2006）；Girma & Shortland（2008）；Huang（2010）；Roe & Siegel（2011）；Rachdi & Mensi（2012）</td></tr>
<tr><td rowspan="2">非正式制度</td><td>社会道德</td><td>Coffee（2001）；Garretsen et. al.（2004）</td></tr>
<tr><td>文化</td><td>Stulz & Williamson（2003）；Dutta & Mukherjee（2011）</td></tr>
</table>

注：根据制度质量的界定，以及本书的研究目的，笔者以 institution、financial development 等为关键词，在 SRRN、EBSCO、Elsevier（Science Direct）和 Springer 等数据库中进行文献收集，并进行分类整理。

随着研究的推进，很多学者意识到单一的指标并不能完全刻画制度对金融发展的影响，因此，近年的研究逐步转向分析综合制度质量对金融发展的影响，如 Law 和 Azman-Saini（2008）、Rachdi 和 Mensi（2012）、Marcelin 和 Mathur（2014）等分析了经济与法律等正式制度环境对金融发展的影响，认为制度环境改善对金融发展（特别是银行部门发展）影响显著，发展中国家的制度改革有利于提高金融发展水平。Aggarwal 和 Goodell（2010）、Mukherjee 和 Dutta（2013）分析了政治制度和文化这一非正式制度环境对金融发展效率的影响，认为政治制度越完善和文化水平越高，对金融发展水平的提高越有利，同时，认为以两者为代表的正式制度环境和非正式制度环境之间存在稳健的互补关系。

2.2.2.3　制度与包容性金融发展减贫

随着包容性金融发展研究的推进，近年部分学者开始探索金融发展减缓贫困这一效应存在差异的制度原因，并将研究应用于包容性金融发展与贫困减缓的分析中。例如，Rewilak（2013）通过实证分析认为金融发展能提高贫困群体的收入，但这一效应依赖于地区法律制度、开放体制、政府支出等综合作用。Park 和 Mercado（2015）采用 ATM 数量/十万成年人、商业银行机构数量/十万成年人、存款人数/千成年人、贷款人数/千成年人以及国内贷款额/GDP 5 个指标构建金融包容指数以发展中国家数据证明了包容性金融发展能显著降低贫困和收入不均。并进一步证明了法律制度越好、金融合约执行越好，这一效应越明显。

2.2.2　国内文献研究综述

国内关于包容性金融发展的相关研究是近年才兴起的，研究成果主要集中于包容性金融对收入（差距）、贫困减缓的影响，以及制度与金融发展两个方面，制度与包容性金融发展的研究刚刚开始，且主要是定性的探讨。

我国学者田杰和陶建平（2012）用 2006 ~ 2009 年 1877 个县市的面板数据，实证分析并证明了我国农村普惠金融发展对农民收入具有显著的促进作用，但同时存在地区差异，东部地区是正相关关系，但中西部却是负相关关系。王修华和关键（2014）运用 2006 ~ 2011 年省级面板数据实证分析了农村金融包容性发展对城乡居民收入差距的影响，发现农村金融包容水平的提供能缩小城乡收入差距，这一效应在金融包容水平低的地区更为显著。张彤进和任碧云（2017）用2011～2015年中国省级面板数据，以系统GMM方法实证检验了包容性金融发展对缩小收入差距的作用。结果表明，综合来看包容性金融发展能明显地缩小收入差距。但当测度指标不同时，地区效应不同，传统银行金融的缩小收入的作用在东部地区显著，而互联网金融包容收入效应在中西部地区明显。车树林和顾江（2017）采用2006～2015年省级面板数据，从人力资源积累的视角实证了农村地区包容性金融发展对农村贫困减缓的积极作用。作为国家主流金融体系的有机组成部分（杜晓山，2006），包容性金融发展以被金融排斥的贫困和偏远地区的群体为服务对象，对促进亲贫式增长、减少贫困、缩小收入差距有着重要作用（田霖，2013），对改善我国城乡二元结构和经济增长方式的改变和可持续发展有着重要意义（王曙光和王东宾，2011）。

部分学者在制度与金融领域也做了很多有益的研究，为理解我国金融发展以及地区差异提供了参考。这些研究主要分析了正式制度、非正式制度以及制度综合指标对金融发展的影响。例如，江春（1999）在论述金融的实质和制度前提时，指出产权改革是我国金融发展的重要基础。谈儒勇和吴兴奎（2005）实证检验了司法（以律师和律师事务所测度）对各地金融发展差异的影响，认为金融与法的观点在中国适用。韩廷春和林磊（2006）实证检验了法律和宏观经济制度变迁对银行和股票市场发展的影响，认为制度变迁对我国的金融发展具有推动作用。江春和许立成（2007）利用跨国截面数据检验了制度与金融发展关系，研究发现产权制度、法律制度和金融利益集团对金融发展具有显著影响。而在我国，只有完善产权、法律和信用制度，才能推动金融发展。洪修文（2010）通过梳理国外有关制度与金融发展的相关文献，认为提高法律保护、完善产权制度、扩大开放、削弱既得利益集团的利益等均有利于金融业发展。江春和许立成（2004）认为除了正式制度外，非正式制度安排也推进了中国的金融发展。在中国的儒家文化对信任重视以及对节俭的倡导为中国金融发展提供了良好的社会文化环境。张俊生和曾亚敏（2005）以社会资本[①]度量信用，并分析了其与金融发展的关系，认为两者之间存在着显著的正相关关系。以上文献从政治、经济、法律等正式制度，以及信任、社会资本、文化等非正式制度的视角，分析了制度对金融发展的影响，并得到了较为一致的结论，即良好的制度能提高金融发展水平。在综合制度与金融发展领域也有部分学者进行了研究，例如，滑冬玲和肖强（2012）采用 16 个转轨国家的面板数据，验证了制度对金融发展规模和效率的显著且稳健的影响，认为完善制度建设有助于解决我国金融效率低下和资本市场欠发达的问题。陈志刚（2013）以我国中部地区为样本，验证了制度建设对金融发展的积极作用。邓路等（2014）分析了制度、民间金融与经济增长的关系，发现制度环境越差越不利于民间金融组织发展。

在以上正式制度、非正式制度以及综合制度指标与金融发展的研究为制度与包容性金融发展提供了框架。在这些基础上，部分学者开始探讨制度与包容性金融发展的关系，但相关研究主要集中于定性研究，例如，冯果和袁康（2014）认为通过制度的约束与激励，能促进金融排斥到金融包容的根本性转变。何德旭和苗文龙（2015）分析了金融包容、金融排斥和中国普惠金融制度，认为金融包容尚未形成有效的机制，公平高效的法律和信用体系是实现普惠金融发展的基础。

① 社会资本采用两个变量测度：无偿献血比率以及张维迎等（2002）对中国企业家所作的信任度的调查。

2.3 小　结

本书回顾了全书的理论基础：金融发展理论、制度经济学、贫困与贫困减缓理论。早期的金融发展理论主要研究的是金融发展与经济增长的关系。20 世纪 60 年代后形成了金融结构、金融抑制、金融深化、金融约束理论等理论，这些传统理论深入分析了金融发展与经济增长的关系。随着金融结构的变化，部分学者又从功能的视角提出金融发展功能论，从金融体系的支付清算、信息提供和监督、风险管理等功能论证了金融发展对经济增长的作用，有力地扩展了金融发展理论。20 世纪 90 年代末，学者们开始从经济学、法学、政治学和社会学等不同角度研究不同国家金融发展水平差异的内在原因，从法律金融、利益集团、文化习俗等角度研究了金融发展的影响。理论逐步扩展到金融发展的福利研究。

制度经济学主要研究制度对于经济行为和经济发展的影响，以及经济发展如何影响制度的演变。作为重要投入要素，良好的制度能降低交易成本促使社会产出最大化，对经济增长有着重要作用。但由于旧制度经济学和新制度经济学的研究方法不同，理论尚未完全统一，对比来看，新制度经济学将制度作为内生变量，其目标是促进制度实现均衡，是对传统古典经济学突破。

贫困与贫困减缓理论主要研究的是贫困产生的原因以及如何反贫困问题。最早，马尔萨斯的研究认为贫困就是贫困本身问题，而马克思则深入揭露了资本主义制度是贫困的根源。此后针对发展中国家的研究，产生了贫困恶性循环、低水平均衡陷阱、临界最小努力、循环积累因果关系以及权力贫困理论等。随着研究的深入，很多学者从资本形成、不平衡增长、人力资本等角度提出并发展了贫困减缓理论。

通过对包容性金融发展、制度质量与贫困减缓的文献进行了综述，可以看出，国外文献主要以包容性金融发展水平跨国数据实证分析以及特定国家的实践探讨为主，而国内的研究则以包容性金融发展实施的模式、对策、经验总结等定性研究为主，金融发展制度因素及其减贫方面的成果较多，是本书研究的重要基础。但包容性金融发展研究仍处于探讨阶段，在包容金融发展的决定因素等领域仍留有进一步研究空间。

第一，包容性金融发展、制度质量的变量构成。无论包容性金融发展还是制度质量其内涵都非常丰富，部分研究也得到了稳健性的结果，但其分析的基础是跨国样本数据，已有的变量（如以法源作为制度质量的代理变量）在我国并不适用，因此，在这两个变量构成上，需要考虑我国的实际情况以及设计维度的覆盖范围。

第二，制度质量对包容性金融发展的影响及其在包容性金融发展减贫中的作用。首先，现有文献大部分是从法律和产权制度的角度研究其对金融发展的影响，缺少对其他制度，尤其是非正式制度影响的探讨以及制度质量的综合分析，尚未构建包容性金融发展的制度分析框架；其次，包容性金融发展减贫的作用已经得到认可，但探讨制度质量在包容性金融发展减贫中作用的文献很少。

制度质量、包容性金融发展与减贫的关系研究

Chapter 3

第3章 包容性金融发展的测度及对贫困减缓的影响

3.1 问题的提出

经过多年的改革，我国金融体系不断完善、金融发展的规模不断扩大、效率不断提高，早期的贴息贷款、保险服务到现在的村镇银行、小额信贷等金融减贫的实践为推动我国金融包容发展积累了重要的基础。2013 年，十八届三中全会正式提出“发展普惠金融”，这标志着金融包容已经成为我国金融改革的重要内容，并在推动中国经济常态发展中发挥着不可替代的作用。在这一背景下，本书根据中国实践构建包容性金融发展评价体系，并对我国金融包容水平进行评价，这一研究对完善我国“多层次、广覆盖、可持续”的包容式金融体系建设与推动改革成果共享有着重要意义。

但如何测度其水平一直是重要的理论与实践探索。具有代表性的研究如 Beck 等（2005）首次系统分析了金融包容的测度指标，以银行机构覆盖度（银行机构数量/千平方公里、银行机构拥有量/十万人、ATM 数量/千平方公里和 ATM 拥有量/十万人）和银行金融服务使用度（贷款额/千人、贷款收入比、储蓄额/千人和储蓄收入比）两个维度对金融包容进行测度，这一研究开创了金融包容的实证研究。Honohan（2006）对 Beck 等（2005）的指标进行了改进，以拥有银行账户的家庭数量比率来衡量，但由于测算数据主要源于银行统计资料，很多指标难以实际测算，且与实际水平存在偏差。Sarma（2008）从银行渗透程度（拥有银行账户人数）、银行服务可用性（银行机构数/千人）、银行业务利用程度（存贷款总额/GDP）三个维度构建了金融包容指数（index of financial inclusion，IFI），数值在 0 和 1 之间，0 为完全的金融排斥、1 表示完全的金融普惠，这是首次对金融包容的综合测度，并为后续研究提供了重要的借鉴。Chakravarty 和 Pal（2010）对这一指数进行了完善，将每个维度的权重设置为 1/3，使金融包容指数计算更为简便。此外，金融包容联盟（alliance for financial inclusion，AFI，2012）等组织机构从可获得性和使用程度两个维度设计了金融包容指数，世界银行（2012）使用银行账户使用程度、储蓄、借款、支付、保险五个维度构成综合金融发展指数。后续很多学者以 Beck 等（2005）的单指标计算和 Sarma（2008）金融包容指数为基础进行了实证分析。例如，Arora（2010）用银行覆盖面、交易便捷性及成本交易 3 个指标，用来比较发展中国家和发达国家的金融可获性的差异。Sen（2010）、Gupte 等（2012）、Yorulmz（2013）、Fungáčová 和 Weill（2014）分别从金融服务的使用、便利、成本等维度测度金融包容水平。Chakraborty 和 Pal（2010）、Ambarkhane 等（2014）等分别从使用便利、使用效率、满意度。Demirgüç-Kunt 等（2013）以银行账户拥有量、银行账户储蓄额和贷款余额作为金融包容指标。Dabla-Norris 等（2015）从金融服务的可获性、深度和中介效率三个维度选取了成本、抵押品、利率差和违约可能性 4 个指标测度了包容性金融发展水平。Park 和 Mercado（2015）采用 ATM 数量/十万成年人、商业银行机构数量/十万成年人、存款人数/千成年人、贷款人数/千成年人以及国内贷款额/GDP 5 个指标构建金融包容指数。还有部分学者增加了测度维度，如 Amidžić等（2014）以金融包容的外延（人口和地理分布），使用情况（存款和贷款）、质量（信息披露要求、争端解决和使用成本）。

近年来，我国学者也对金融包容指数进行分析与测度，例如，伍旭川和肖翔（2014）从可获性、使用情况、服务质量维度建立金融包容指数用以测度金融包容发展。焦瑾璞等（2015）从可获性、使用情况、服务质量维度选取指标，并采用因子分析法合成金融包容指标。崔艳娟和刘旸（2017）从金融服务深度（存贷款余额/千人、储蓄余额/千人、小额贷款余额/千人）、广度（银行员工数/千人、银行网点数/千人、银行员工数/万平方公里、银行网点数/万平方公里）、效度（存贷款余额/GDP、储蓄余额/GDP、保险费用/GDP）和稳定性（不良贷款率）。

这些研究采用单一指标或多个指标以跨国数据或单一国家样本数据测度包容性金融发展水平，为后续研究提供了重要基础。但在相关研究中，包容性金融发展的测度主要以跨国数据为主，以中国为样本的分析还较少，并且相关的测度指标主要以银行机构为主，未将保险、资本市场等金融服务包含进来。而随着金融服务主体的多元化的发展，这些在金融包容的分析中不可忽视。因此，本书借鉴已有的研究成果，结合我国实际，尝试将小额信贷、保险服务包含进来，构建包容性金融发展评价体系，并对我国 2006～2015 年各省区市的包容性金融发展水平进行测度，以期丰富金融发展的相关成果，并为金融包容的实践提供借鉴。

3.2 测度的原理

3.2.1 确定评价因素集

根据 1.2.3 小节的包容性金融发展的定义以及包容性金融发展测度的相关研究，选择包容性金融发展的评价指标，并确定指标评价集 $U=\{u_1, \cdots, u_n\}$，其中 u_i 是各种可能的评价结果所构成的隶属函数。

隶属函数 $u_A(x)$：$U\rightarrow[0, 1]$，$u_A(x_i)$ 为 x_i 的隶属度。函数中 A 为模糊子集，定义为 $A=\left\{\frac{\mu_A(x)}{x} \mid x\in X\right\}$。

3.2.2 设置权重集

设 $w=\{w_1, \cdots, w_n\}$ 为评价语集 U 对应的权重，且各级评价语的权重应满足条件：$\sum_{i=1}^{n} w_i = 1$ 且 $w_i \geq 0$。各权重构成权重集表示为：$A = \{a_1, \cdots, a_n\}$。设置权重的方法很多，主观的方法如层次分析法、模糊分析法，客观的方法如因子分析法、变异系数法等。值得注意的是权重赋予方法不同，最后的测度结果可能不同。

鉴于本书的研究目标，这里选择更为客观的变异系数法进行测度。与层次分析法、专家打分法或因子分析法相比，变异系数法是一种客观赋权法，通过变异系数来衡量指标取值时的差异程度，最终避免指标量纲不同的影响并计算出各指标的权重。这种方法更适合用来评价相对模糊的指标，确定维度内部的指标权重以及实证研究。变异系数法确定权重的方法如下：

第一，计算好各维度的实际值后，根据指数的正向和负向属性，对式（3.1）和式（3.2）进行无量纲化处理。其中，X、m、M 分别为各指标实际值、最小值和最大值。f 为无量纲处理后的指标值。

$$f_i = \frac{X_i - m_i}{M_i - m_i}, \quad m_i \leq X_i \leq M_i \tag{3.1}$$

$$f_i' = \frac{M_i - X_i}{M_i - m_i}, \quad m_i \leq X_i \leq M_i \tag{3.2}$$

第二，根据式（3.3）计算各指标的权重，其中，w_i 为指标权重，V_i代表各指标的变异系数，以各指标的标准差与均值的比值计算。根据结果，若第 i 个指标 V 值较大时，则这一指标所占权重也较大。

$$w_i = \frac{V_i}{\sum_{i=1}^{n} V_i}, \quad 0 \leq w_i \leq 1 \tag{3.3}$$

第三，根据各指标无量纲处理后数值以及权重，计算各维度指标数值后，再根据式（3.3），计算各维度指标权重（W_i）。

3.2.3 综合评价

首先，设置综合评价语集 $E=\{e_1, \cdots, e_n\}$，e 为可能的评价结果，按照降序或升序排列。在评价过程中，可以通过专家打分、因子分析等方法赋值。

其次，建立评价矩阵，构建综合评价体系。建立单因素指标评价关系矩阵 $R=(r_{ij})_{m\times n}$，r_{ij}是 U 中因素 $u_{n,t}$对于 P 中 p_i的隶属关系，且当 $i\leqslant m$、$j\leqslant n$ 时，$r_{ij}\in[0, 1]$，即：

$$R=\begin{pmatrix} r_{11} & r_{12} & \cdots & r_{1n} \\ r_{21} & r_{22} & \cdots & r_{2n} \\ \cdots & \cdots & \cdots & \cdots \\ r_{m1} & r_{m2} & \cdots & r_{mn} \end{pmatrix}, \ 0\leqslant r_{ij}\leqslant 1 \tag{3.4}$$

根据 $B=U\times A$ 进行综合评价。在评价时，从最底层指标进行计算，对评价对象进行评分计算。

最后，计算发展指数，并根据综合评价语集进行评价。

为更好地体现如数理的标准、单调和一致等特征（Nathan et al.，2008），采用欧式距离公式计算包容性金融发展指数，$W=(w_1, w_2, \cdots, w_n)$ 表示计算值的最高值（理想值），$D=(d_1, d_2, \cdots, d_n)$ 是 n 维笛卡尔空间中的点，根据式（3.5）计算。

$$d_i=w_i\times f_i, \ 0\leqslant d_i\leqslant w_i \tag{3.5}$$

根据各指标距离最大值的距离，以式（3.6）计算包容性金融发展指数（IFI），并用于计算各一级指标（f_i）和目标层指标（F）的发展指数：

$$IFI=1-\frac{\sqrt{(w_1-d_1)^2+(w_2-d_2)^2+\cdots+(w_n-d_n)^2}}{\sqrt{(w_1^2+w_2^2+\cdots+w_n^2)}} \tag{3.6}$$

由式（3.6）计算得出的数值，确定包容性金融发展的评价语集 E = {较低，一般，较高，高}，评价语集具体赋值如表 3.1 所示。当 0≤IFI≤0.3 时，包容金融发展水平较低；当 0.3 < IFI≤0.6 时，包容金融发展处于中等程度；当 0.6 < IFI≤1 时，包容金融发展处于较高水平。该指数越接近于 1，包容金融发展水平越高。

表 3.1　　　　包容性金融发展评价语集

指标取值范围	评价语集
0≤IFI≤0.3	较低
0.3 < IFI≤0.6	中等
0.6 < IFI≤1	较高

3.3　包容性金融发展评价语集的设置

3.3.1　评价语集的指标选取

3.3.1.1　选取原则

根据 1.2.3 小节阐述的包容性金融发展的内涵，对其较为客观、科学地评价，应尽量体现其基本特征：使用者的可获性以及提供者的可负担性。同时，尽可能地细化评价维度和指标。由此，在选择相关指标构建评价语集时，遵循如下原则：

（1）科学性原则。

包容性金融发展的测度与评价应反映金融发展的重要因素，因此，其来源应有据可循，力求全面、客观、准确地描述其“可获与可承担”的特征。这一原则是整个语集指标选取的核心所在，也是首先应遵守的原则。

（2）可比与可操作相结合的原则。

包容性金融发展的评价指标应是可测量的和可比较的。所选取的评价指标应能系统地反映包容性金融发展的构成要素，并具有普遍的统计意义，从而实现横向与纵向的比较。同时，各指标应有明显的界限区分，并能从实践中获取可靠的数据，从而使指标可识别与可计算。

（3）全面与重点相结合的原则。

包容性金融发展的评价语集是由多个评价指标构成的有机整体，因此，各指标的选取应具有一定的覆盖面，且将重点因素包含进来。但同时，也应突出重点，选取具有代表性的指标，准确并简洁地表达所测度的体系。

（4）力求精确的原则。

在所建立的指标中，有些指标可以直接度量，此类指标尽可能地以权威性统计文献（如统计年鉴、行业报告等）或行业内部信息的数据，精确计算。对于部分指标可能无法直接测度，则尽可能采用替代指标，对于难以统计的，则假定其具有模糊性后，再量化处理，力求所有指标能精确进行计算。

3.3.1.2 指标的确定

根据上述科学性、可比与可操作、全面与重点、力求精确的原则，本书根据金融服务的主体（银行、证券、保险），对崔艳娟和刘旸（2017）所构建的指标体系（见表3.2）进行了完善，再次对包容性金融发展进行测度①。

① 我的学生幺芳鑫（2015届）、刘雪婧（2016届）为本部分的完成提供了大量的资料，并给予了无私的支持与帮助。同时，两人以包容性金融发展为主题完成了各自的毕业论文，并取得优秀的成绩。在此，感谢幺芳鑫和刘雪婧的鼎力支持。

表3.2　　崔艳娟和刘旸（2017）的包容性金融发展指标

维　　度	指　　标	指标属性
深度	存贷款余额/千人	正
	储蓄余额/千人	正
	小额贷款余额/千人	正
广度	银行业员工数/千人	正
	银行业网点数/千人	正
	银行业员工数/万平方公里	正
	银行业网点数/万平方公里	正
效度	存贷款余额/GDP	正
	储蓄余额/GDP	正
	保险费用/GDP	正
稳定性	不良贷款率	逆

资料来源：崔艳娟，刘旸．我国包容性金融发展水平评价研究——基于我国省际数据的分析［J］．大连理工大学学报（社会科学版），2017，38（2）：66－70.

相比于崔艳娟和刘旸（2017）所构建的指标，本书所选取的指标仍为深度、广度、效度和稳定性四个维度，指标选取重新进行了设计①，在银行业度量的基础上，增加了证券业（主要是股票）和保险业的度量指标，尽管当前我国的资本市场并不如银行机构发展迅速，但随着我国城镇化水平的推进，其在金融发展中有着重要的影响，同时，从国际研究看，这一部分是不可或缺的指标。同时，将小额贷款

① 指标中提供金融服务的银行业金融机构包括：大型商业银行（中国工商银行、中国农业银行、中国银行、中国建设银行和交通银行），国家开发银行和政策性银行，股份制银行，小型农村金融机构（农村商业银行、农村合作银行、农村信用社），新型农村金融机构（村镇银行、贷款公司和农村资金互助社），以及其他金融机构（金融租赁公司、汽车金融公司、货币经纪公司、消费金融公司等）。

余额/千人这一指标去掉，原因在于在其他维度下这一指标难以测度①。综合来看，改进后的指标能更全面地测度包容性金融发展水平。值得说明的是，本次改进的评价指标仍未将互联网金融发展包含进来，原因在于其数据的限制②。改进后的指标体系包含深度、广度、效度和稳定性四个维度共 15 个指标，如表 3.3 所示。

表 3.3　　包容性金融发展测度的指标

维度（代码）	测度指标（代码）	属性
深度（f_1）	银行业金融机构数/万人（f_{11}）	正
	银行业从业人员数/万人（f_{12}）	正
	年末上市公司数/万人（f_{13}）	正
	保险公司机构数/万人（f_{14}）	正
广度（f_2）	银行业金融机构数/万平方公里（f_{21}）	正
	银行业从业人员数/万平方公里（f_{22}）	正
	年末上市公司数/万平方公里（f_{23}）	正
	保险公司机构数/万平方公里（f_{24}）	正
效度（f_3）	贷款余额/地区 GDP（f_{31}）	正
	储蓄余额/地区 GDP（f_{32}）	正
	股票市值/地区 GDP（f_{33}）	正
	保费收入/地区 GDP（f_{34}）	正
稳定性（f_4）	不良贷款率（f_{41}）	逆
	股票市值稳定性（f_{42}）	正
	保费稳定性（f_{43}）	正

① 2008 年 5 月银监会和中国人民银行联合发布了《关于小额贷款公司试点的指导意见》（银监发［2008］23 号）后，小额贷款公司与村镇银行、农村资金互助社等新型金融机构充分的将低收入群体和小微企业包容到正规金融服务中，对金融包容的发展有着重要意义。但对其测度较难。以村镇银行为例，其可持续性的测度较难，参见崔艳娟．村镇银行发展的测度与对策［J］．西安电子科技大学学报（社会科学版），2015（4）：43－47。

② 笔者对互联网金融发展的测度，选择了第三方支付牌照企业数量、网贷平台数量、众筹平台数量进行分析，并试图获取相关数据，但遗憾的是无法获取各省区市的时间序列数据。笔者以 2016 年大连、哈尔滨、青岛、天津、南京、成都、杭州、武汉和重庆为样本，采用变异系数法测度的三个指标权重分别为 0.265、0.316 和 0.419。但因数据限制，我国省区市的面板数据样本尚未得到验证。

各维度指标解释如下：

维度 1：金融服务深度（f_1）

金融服务深度是指在金融市场区域内，提供金融服务的主体的个数，以反映金融服务供给主体的“普惠”特点。金融体系中金融服务的提供者越多，意味着金融服务的供给越多，在一定程度上提供的服务也随之增多。根据服务提供的主体，这一维度下选取了银行业金融机构数/万人（f_{11}）、银行业从业人员数/万人（f_{12}）、年末上市公司数/万人（f_{13}）、保险公司机构数/万人（f_{14}）共四个正向指标进行测度。

维度 2：金融服务广度（f_2）

金融服务广度用以说明消费群体是否能便捷、低成本的获得金融服务，即金融服务主题的覆盖程度。在发展中国家，消费群体距离营业网点的距离、收入水平低以及服务收费高均导致了包容性金融发展水平低（Demirgüç-Kunt & Klapper，2012）。在这一维度以金融服务机构的地理密度测度，具体包括银行业金融机构数/万平方公里（f_{21}）、银行业从业人员数/万平方公里（f_{22}）、年末上市公司数/万平方公里（f_{23}）、保险公司机构数/万平方公里（f_{24}）共 4 个正向指标测度。金融服务广度越大，包容性金融发展水平越高。

维度 3：金融服务效度（f_3）

金融服务效度用以衡量金融机构提供服务的效率，即金融服务的使用程度。一般来说，单一地追求金融服务的广度和深度，可能会出现虽拥有银行账户但很少使用的情况，这将降低金融机构的使用效率。本书以贷款余额/地区 GDP（f_{31}）、储蓄余额/地区 GDP（f_{32}）进行测度。同时，部分群体使用保险和争取服务替代了银行金融服务，因此，在这一维度上增加了股票市值/地区 GDP（f_{33}）和保费收入/地区 GDP（f_{34}）同时进行测度。这四个指标仍为正向指标。

维度 4：金融服务稳定性（f_4）

金融服务稳定性用于衡量金融机构提供者的可持续性特征，即金融机构提供金融服务的可负担性。贷款是包容性金融服务的重要方式，如果贷款利率过高，那么不良贷款的出现率将大幅上升。因此，这里采用银行的不良贷款率作为银行机构稳定性的测度指标。同时，以股票市值和保费收入的波动率测度股票和保险服务的稳定性。借鉴 Jeanneney 和 Kpodar（2008）的做法采用变量增长率的标准差计算，即：

$$V^x = \sqrt{\sum_{t=1}^{n} \frac{1}{n-1}\left(g_t^x - \overline{g^x}\right)^2} \tag{3.7}$$

其中，V^x是波动变量 x 指标，g^x表示 x 的增长率。

这三个指标均为逆向指标。

3.3.2 评价指标体系的构建

根据式（3.3）确定各指标权重（W），从而构建评价指标体系，如表 3.4 所示。

表 3.4 包容性金融发展测度的指标体系

<table>
<tr><th>目标</th><th>维度（权重）</th><th>测度指标（权重）</th></tr>
<tr><td rowspan="15">包容性金融发展水平（F）</td><td rowspan="4">深度（w_1）</td><td>银行业金融机构数/万人（w_{11}）</td></tr>
<tr><td>银行业从业人员数/万人（w_{12}）</td></tr>
<tr><td>年末上市公司数/万人（w_{13}）</td></tr>
<tr><td>保险公司机构数/万人（w_{14}）</td></tr>
<tr><td rowspan="4">广度（w_2）</td><td>银行业金融机构数/万平方公里（w_{21}）</td></tr>
<tr><td>银行业从业人员数/万平方公里（w_{22}）</td></tr>
<tr><td>年末上市公司数/万平方公里（w_{23}）</td></tr>
<tr><td>保险公司机构数/万平方公里（w_{24}）</td></tr>
<tr><td rowspan="4">效度（w_3）</td><td>贷款余额/地区 GDP（w_{31}）</td></tr>
<tr><td>储蓄余额/地区 GDP（w_{32}）</td></tr>
<tr><td>股票市值/地区 GDP（w_{33}）</td></tr>
<tr><td>保费收入/地区 GDP（w_{34}）</td></tr>
<tr><td rowspan="3">稳定性（w_4）</td><td>不良贷款率（w_{41}）</td></tr>
<tr><td>股票市值波动率（w_{42}）</td></tr>
<tr><td>保费波动率（w_{43}）</td></tr>
</table>

具体评价时，根据式（3.1）~式（3.5）对包容性金融发展设置综合评价语集，并根据式（3.6）计算包容性金融发展指数。

3.4　我国包容性金融发展的地区差异

3.4.1　包容性金融发展的计量

3.4.1.1　样本数据

所使用样本共 31 个省级行政单位。不包括香港、澳门和台湾。由于包容性金融发展的实践在我国正式于 2006 年开始，因此包容性金融发展的测度数据从 2006 年开始，同时考虑统计数据的可获性，样本区间设置为 2006 ~ 2015 年。计算所用原始数据分别来源于 2007 ~2016 年的中国统计年鉴、中国金融年鉴、各省统计年鉴以及 2006 ~2015 年中国人民银行发布的《区域金融运行报告》。所有数据均经整理计算。

3.4.1.2　指标权重计算

根据 3.2 部分的原理对各级指标权重进行计算。

计算过程举例说明如下：

首先，根据式（3.1）和式（3.2）将各指标数据进行无量纲化处理，得到各指标评价语集。如 2006 年北京地区各指标的评价语为：

$(f_{11}\ f_{12}\ f_{13} f_{14}) = (0.882\ 1.00\ 0.751\ 1.00)$

$(f_{21}\ f_{22}\ f_{23} f_{24}) = (0.486\ 0.428\ 0.233\ 0.678)$

$(f_{31} f_{32}\ f_{33}\ f_{34}) = (1.000\ 1.000\ 1.000\ 1.000)$

$(f_{41}\ f_{42}\ f_{43}) = (0.783\ 0.073\ 1.000)$

其次，根据式（3.3）计算各测度指标权重如下：

$(w_{11}\ w_{12}\ w_{13}\ w_{14})^T = (0.112\ 0.195\ 0.394\ 0.299)^T$

$(w_{21}\ w_{22}\ w_{23}\ w_{24})^T = (0.152\ 0.204\ 0.390\ 0.254)^T$

$(w_{31}\ w_{32}\ w_{33}\ w_{34})^T = (0.273\ 0.162\ 0.437\ 0.127)^T$

$(w_{41}\ w_{42}\ w_{43})^T = (0.127\ 0.454\ 0.419)^T$

最后，将各二级指标评价语集（f_i）与权重（w_i）做乘积，得出对应一级指标的评价语。

以2006年北京地区为例，其各一级指标得分分别为：

$f_1 = (0.882\ 1.00\ 0.751\ 1.00) \times (0.112\ 0.195\ 0.394\ 0.299)^T$
$= 0.889$

$f_2 = (0.486\ 0.428\ 0.233\ 0.678) \times (0.152\ 0.204\ 0.390\ 0.254)^T$
$= 0.424$

$f_3 = (1.000\ 1.000\ 1.000\ 1.000) \times (0.273\ 0.162\ 0.437\ 0.127)^T$
$= 1.000$

$f_4 = (0.783\ 0.073\ 1.000) \times (0.127\ 0.454\ 0.419)^T = 0.552$

由此，2006年北京地区各一级指标的评价语为：

$(f_1\ f_2\ f_3\ f_4) = (0.889\ 0.424\ 1.000\ 0.552)$

然后应用式（3.3）计算各一级指标的权重：

$W_{2006} = (0.171\ 0.502\ 0.193\ 0.134)^T$

将以上计算的各测度指标和维度指标的权重整理，如表3.5所示。

表3.5　2006年的各评价指标权重

目标	维度（权重）	测度指标（权重）
包容性金融发展	深度（0.171）	银行业金融机构数/万人（0.112）
		银行业从业人员数/万人（0.195）
		年末上市公司数/万人（0.394）
		保险公司机构数/万人（0.299）

续表

<table>
<tr><th>目标</th><th>维度（权重）</th><th>测度指标（权重）</th></tr>
<tr><td rowspan="11">包容性金融发展</td><td rowspan="4">广度（0.502）</td><td>银行业金融机构数/万平方公里（0.152）</td></tr>
<tr><td>银行业从业人员数/万平方公里（0.204）</td></tr>
<tr><td>年末上市公司数/万平方公里（0.390）</td></tr>
<tr><td>保险公司机构数/万平方公里（0.254）</td></tr>
<tr><td rowspan="4">效度（0.193）</td><td>贷款余额/地区 GDP（0.273）</td></tr>
<tr><td>储蓄余额/地区 GDP（0.162）</td></tr>
<tr><td>股票市值/地区 GDP（0.437）</td></tr>
<tr><td>保费收入/地区 GDP（0.127）</td></tr>
<tr><td rowspan="3">稳定性（0.134）</td><td>不良贷款率（0.127）</td></tr>
<tr><td>股票市值波动率（0.454）</td></tr>
<tr><td>保费波动率（0.419）</td></tr>
</table>

以此类推，计算出 2007 ~ 2015 年各省区市的测度指标、维度指标的评价语，以及 2007 ~ 2015 年各测度指标和维度指标的权重，分别如表 3.6 和表 3.7 所示。

表 3.6　　2006 ~ 2015 年各测度指标权重

权重	2006	2007	2008	2009	2010	2011	2012	2013	2014	2015
w_{11}	0.112	0.160	0.134	0.148	0.154	0.107	0.149	0.143	0.149	0.149
w_{12}	0.195	0.191	0.194	0.212	0.194	0.163	0.172	0.188	0.192	0.183
w_{13}	0.394	0.328	0.341	0.310	0.345	0.430	0.375	0.370	0.365	0.374
w_{14}	0.299	0.320	0.331	0.330	0.308	0.300	0.303	0.299	0.294	0.294
w_{21}	0.152	0.165	0.167	0.168	0.170	0.171	0.176	0.171	0.180	0.180
w_{22}	0.204	0.211	0.224	0.216	0.232	0.238	0.239	0.256	0.255	0.235
w_{23}	0.390	0.369	0.366	0.370	0.345	0.345	0.343	0.337	0.329	0.341
w_{24}	0.254	0.255	0.243	0.245	0.252	0.245	0.242	0.236	0.236	0.245
w_{31}	0.273	0.178	0.184	0.168	0.190	0.187	0.174	0.180	0.165	0.180
w_{32}	0.162	0.104	0.106	0.119	0.130	0.114	0.117	0.127	0.125	0.161
w_{33}	0.437	0.624	0.620	0.608	0.560	0.584	0.577	0.563	0.582	0.522

续表

权重	2006	2007	2008	2009	2010	2011	2012	2013	2014	2015
w_{34}	0.127	0.094	0.089	0.105	0.120	0.114	0.131	0.130	0.127	0.137
w_{41}	0.127	0.185	0.174	0.191	0.198	0.163	0.150	0.140	0.207	0.151
w_{42}	0.454	0.480	0.505	0.486	0.480	0.502	0.512	0.524	0.494	0.535
w_{43}	0.419	0.335	0.320	0.323	0.322	0.335	0.338	0.336	0.299	0.314

表 3.7　　2006~2015 年各维度指标权重

权重	2006	2007	2008	2009	2010	2011	2012	2013	2014	2015
w_1	0.171	0.181	0.177	0.179	0.191	0.129	0.174	0.181	0.185	0.187
w_2	0.502	0.472	0.481	0.494	0.498	0.511	0.481	0.493	0.495	0.505
w_3	0.193	0.230	0.228	0.217	0.200	0.240	0.228	0.210	0.211	0.188
w_4	0.134	0.117	0.113	0.110	0.112	0.120	0.117	0.116	0.110	0.119

3.4.1.3　综合指数计算

将上述计算的各指标评价语、权重值代入式（3.5）和式（3.6），计算 2006~2015 年 31 个省区市的包容性金融发展指数，计算结果如表 3.8 所示。

表 3.8　　2006~2015 年各省区市包容性金融发展水平综合指数

省份	2006	2007	2008	2009	2010	2011	2012	2013	2014	2015
北京	0.4897	0.5099	0.5120	0.5388	0.5173	0.5210	0.5434	0.5228	0.5402	0.5511
天津	0.3126	0.3269	0.3105	0.3320	0.3263	0.3110	0.3227	0.3195	0.3191	0.3384
河北	0.0648	0.0696	0.0685	0.0728	0.0670	0.0609	0.0692	0.0669	0.0676	0.0733
山西	0.1047	0.0814	0.0836	0.0902	0.0792	0.0844	0.0908	0.0915	0.0835	0.0934
内蒙古	0.0357	0.0496	0.0412	0.0480	0.0502	0.0350	0.0485	0.0440	0.0401	0.0446
辽宁	0.0956	0.1010	0.1003	0.0913	0.0966	0.0844	0.0904	0.0925	0.0939	0.1016
吉林	0.0687	0.0714	0.0672	0.0651	0.0646	0.0508	0.0558	0.0528	0.0554	0.0617
黑龙江	0.0439	0.0466	0.0517	0.0547	0.0507	0.0467	0.0534	0.0521	0.0524	0.0589
上海	0.7639	0.6928	0.6972	0.7080	0.7322	0.7097	0.7034	0.7315	0.7286	0.7582
江苏	0.1186	0.1197	0.1258	0.1234	0.1253	0.1261	0.1290	0.1250	0.1258	0.1352

续表

省份	2006	2007	2008	2009	2010	2011	2012	2013	2014	2015
浙江	0. 1366	0. 1435	0. 1437	0. 1505	0. 1558	0. 1445	0. 1550	0. 1530	0. 1552	0. 1640
安徽	0. 0719	0. 0657	0. 0712	0. 0728	0. 0661	0. 0735	0. 0650	0. 0652	0. 0645	0. 0722
福建	0. 0805	0. 0866	0. 0904	0. 0913	0. 0882	0. 0838	0. 0896	0. 0839	0. 0814	0. 0883
江西	0. 0676	0. 0534	0. 0566	0. 0550	0. 0495	0. 0538	0. 0502	0. 0482	0. 0517	0. 0538
山东	0. 0928	0. 0840	0. 0741	0. 0837	0. 0796	0. 0795	0. 0788	0. 0789	0. 0755	0. 0760
河南	0. 0665	0. 0648	0. 0687	0. 0663	0. 0643	0. 0742	0. 0692	0. 0667	0. 0620	0. 0680
湖北	0. 0679	0. 0658	0. 0678	0. 0684	0. 0628	0. 0679	0. 0650	0. 0630	0. 0600	0. 0628
湖南	0. 0568	0. 0565	0. 0574	0. 0592	0. 0528	0. 0566	0. 0524	0. 0483	0. 0468	0. 0506
广东	0. 1335	0. 1193	0. 1149	0. 1223	0. 1201	0. 1178	0. 1263	0. 1205	0. 1189	0. 1358
广西	0. 0417	0. 0384	0. 0360	0. 0392	0. 0356	0. 0417	0. 0370	0. 0342	0. 0327	0. 0331
海南	0. 1091	0. 1012	0. 0908	0. 0927	0. 0932	0. 0910	0. 1011	0. 0992	0. 0999	0. 1031
重庆	0. 0990	0. 0850	0. 0882	0. 0899	0. 0872	0. 0925	0. 0967	0. 0931	0. 0907	0. 0840
四川	0. 0604	0. 0620	0. 0612	0. 0614	0. 0635	0. 0671	0. 0703	0. 0678	0. 0654	0. 0679
贵州	0. 0579	0. 0419	0. 0417	0. 0400	0. 0386	0. 0512	0. 0428	0. 0401	0. 0406	0. 0388
云南	0. 0506	0. 0446	0. 0439	0. 0461	0. 0403	0. 0517	0. 0426	0. 0398	0. 0374	0. 0355
西藏	0. 0368	0. 0424	0. 0352	0. 0417	0. 0505	0. 0362	0. 0563	0. 0644	0. 0686	0. 0686
陕西	0. 0619	0. 0657	0. 0656	0. 0665	0. 0628	0. 0599	0. 0642	0. 0617	0. 0608	0. 0651
甘肃	0. 0438	0. 0473	0. 0499	0. 0510	0. 0473	0. 0487	0. 0548	0. 0536	0. 0570	0. 0594
青海	0. 0593	0. 0704	0. 0736	0. 0663	0. 0665	0. 0552	0. 0695	0. 0684	0. 0699	0. 0723
宁夏	0. 0763	0. 0888	0. 0795	0. 0796	0. 0795	0. 0645	0. 0790	0. 0762	0. 0760	0. 0832
新疆	0. 0415	0. 0469	0. 0451	0. 0503	0. 0508	0. 0501	0. 0559	0. 0535	0. 0519	0. 0525

对照表 3. 1 包容性金融发展的综合评价语集，我国大部分地区的包容性金融发展水平较低，仅上海的包容性金融发展水平属于较高水平，约为 0. 7 并逐年上涨。北京的包容性金融发展指数在 0. 5 以上（2006 年接近 0. 5），并趋于 0. 6 发展，水平也较高。天津居于第 3 位，包容性金融发展指数约为 0. 32，处于中等水平。其他地区的包容性金融发展处于较低水平，其中仅浙江、广东、山西、江苏、海南 5 个地区的包容性金融发展指数在 0. 1 以上，其他地区的包容性金融

发展指数均在 0.1 以下。整体来看，我国的包容性金融发展水平较低。

从各地区包容性金融发展水平排名（见表3.9）看，排在前3位的分别是东部地区的上海、北京、天津，其后是浙江，江苏和广东，而西部地区的内蒙古、广西和云南排序靠后，但西藏和重庆的包容性金融发展提升较快。

表 3.9　　2006～2015 年各省区市包容性金融发展水平排序

省份	2006	2007	2008	2009	2010	2011	2012	2013	2014	2015
北京	2	2	2	2	2	2	2	2	2	2
天津	3	3	3	3	3	3	3	3	3	3
河北	19	16	17	15	14	18	17	16	16	14
山西	8	13	11	10	13	10	9	10	10	9
内蒙古	31	24	29	27	26	31	28	28	29	28
辽宁	10	8	7	9	7	9	10	9	8	8
吉林	15	14	19	20	17	25	23	24	23	22
黑龙江	26	27	24	24	24	28	25	25	24	24
上海	1	1	1	1	1	1	1	1	1	1
江苏	6	5	5	5	5	5	5	5	5	6
浙江	4	4	4	4	4	4	4	4	4	4
安徽	14	18	15	14	16	14	19	18	18	16
福建	12	10	9	8	9	11	11	11	11	10
江西	17	23	23	23	27	22	27	27	26	25
山东	11	12	13	12	11	12	13	12	13	13
河南	18	20	16	18	18	13	16	17	19	18
湖北	16	17	18	16	20	15	18	20	21	21
湖南	24	22	22	22	22	20	26	26	27	27
广东	5	6	6	6	6	6	6	6	6	5
广西	28	31	30	31	31	29	31	31	31	31
海南	7	7	8	7	8	8	7	7	7	7
重庆	9	11	10	11	10	7	8	8	9	11

续表

省份	2006	2007	2008	2009	2010	2011	2012	2013	2014	2015
四川	21	21	21	21	19	16	14	15	17	19
贵州	23	30	28	30	30	24	29	29	28	29
云南	25	28	27	28	29	23	30	30	30	30
西藏	30	29	31	29	25	30	21	19	15	17
陕西	20	19	20	17	21	19	20	21	20	20
甘肃	27	25	25	25	28	27	24	22	22	23
青海	22	15	14	19	15	21	15	14	14	15
宁夏	13	9	12	13	12	17	12	13	12	12
新疆	29	26	26	26	23	26	22	23	25	26

3.4.2　包容性金融发展的地区特征

3.4.2.1　包容性金融发展的差异判断

比较东部、中部、西部地区的包容性金融发展综合指数（见表 3.10），基本上呈现了东部地区高于中部地区高于西部地区的特点，但从增长速度看，西部地区的变化值要大于东部和中部地区。

表 3.10　　东部、中部、西部地区的包容性金融发展

区域	省　份	包容性金融发展指数
东部地区	北京、天津、河北、辽宁、上海、江苏、浙江、福建、山东、广东、海南	最高 0.7582（上海、2015） 最低 0.0733（河北、2015）
中部地区	山西、吉林、黑龙江、安徽、江西、河南、湖北、湖南	最高 0.0934（山西、2015） 最低 0.0506（湖南、2015）
西部地区	重庆、四川、贵州、云南、西藏、陕西、甘肃、青海、宁夏、新疆、广西、内蒙古	最高 0.0840（重庆、2015） 最低 0.0331（广西、2015）

为了更为直观化包容性金融发展的地区差异，这里将2006年、2010年和2015年数据分为高、中、低三个水平组。数据分组标准①以及分组情况如表3.11所示。

表3.11　2006年、2010年和2015年我国包容性金融发展的地区差异

年份	较高水平组（0.07 < IFI≤1）	中等水平组（0.05 < IFI≤0.07）	较低水平组（0≤IFI≤0.05）
2006	上海、北京、天津、浙江、广东、江苏、海南、山西、重庆、辽宁、山东、福建、宁夏	安徽、吉林、湖北、江西、河南、河北、陕西、四川、青海、贵州、湖南	云南、黑龙江、甘肃、广西、新疆、西藏、内蒙古
2010	上海、北京、天津、浙江、江苏、广东、辽宁、海南、福建、重庆、山东、宁夏、山西、河北	青海、安徽、吉林、河南、四川、湖北、陕西、湖南、新疆、黑龙江	西藏、内蒙古、江西、甘肃、云南、贵州、广西
2015	上海、北京、天津、浙江、广东、江苏、海南、辽宁、山西、福建、重庆、宁夏、山东、河北	青海、安徽、西藏、河南、四川、陕西、湖北、吉林、甘肃、黑龙江、江西、新疆、湖南	内蒙古、贵州、云南、广西

注：2010年河北的包容性金融发展指数为0.0670，但由于其排序恰好处于标准线附近，且其为东部地区省份，这里将其划入较高水平组。黑龙江（0.0507）、西藏（0.0505）、内蒙古（0.0502）的包容性金融指数也恰好处于标准线附近，且又分别归于中部地区和西部地区，因此，将黑龙江归于中等水平组，而将西藏和内蒙古归于较低水平组。

图3.1~3.3给出了2006年、2010年、2015年包容性金融发展的地区差异分析，包容性金融发展水平按照从高到低分布。从图3.1~3.3可以得出，包容性金融发展的地区分布特点大致呈现出东部沿海地区高于中部地区，而中部地区高于西部地区的特点。

此外，图3.1到图3.3也呈现了各省区市包容性金融发展水平的动态变化特征如下：西部地区的发展态势要高于中部地区，宁夏和重庆尽管处于西部地区，但相比其他西部地区而言，包容性金融发展

① 由于我国包容性金融发展水平普遍较低，且地区差异显著，因此，对照3.1节的评价语，将分组标准重新调整，用于我国包容性金融发展水平的地区比较分析。

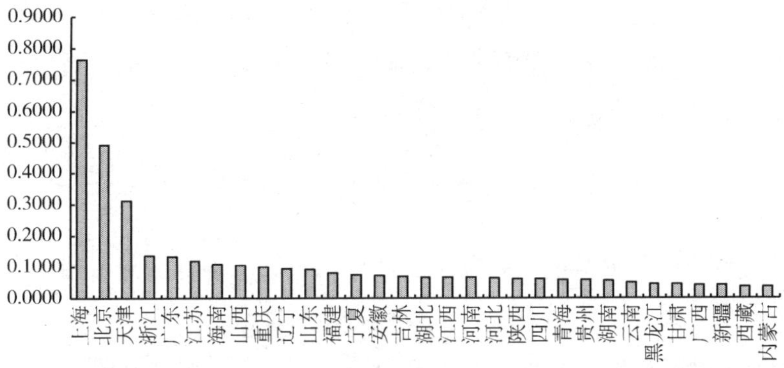

图 3.1　2006 年包容性金融发展的地区差异

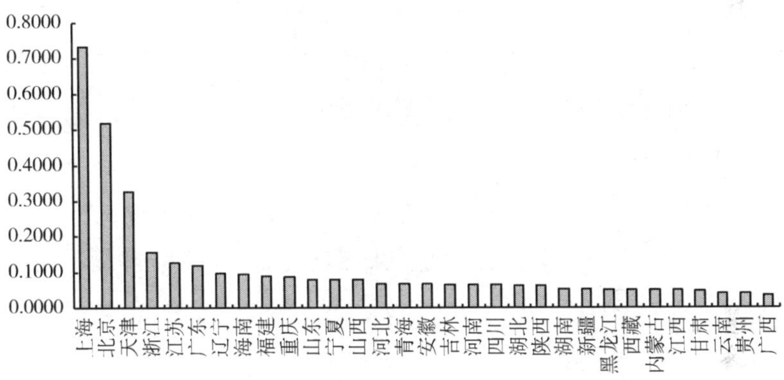

图 3.2　2010 年包容性金融发展的地区差异

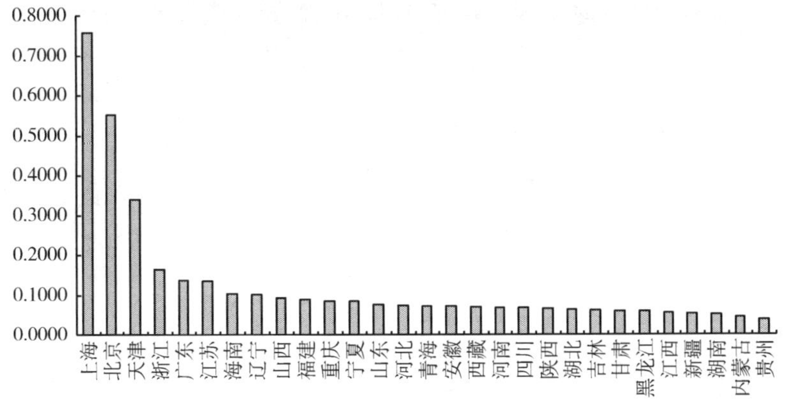

图 3.3　2015 年包容性金融发展的地区差异

水平较高，且高于部分中部地区。西藏、甘肃的包容性金融发展水平增速较快。另外，其他省区市虽然在排序上出现变动，但大致未跳出各自的水平组。

3.4.2.2 包容性金融发展差异的显著性判断

前述分析基本描述了我国包容性金融发展的地区差异，但这一判断结果是否具有统计学意义，需要进一步判断。

非参数检验方法和单因素方差分析是两种经常使用的方法。非参数检验的方法包括中位数检验、Kruskal-Wallis 检验等方法。鉴于这里使用的是多独立样本，因此用 Kruskal-Wallis 检验较为恰当，其原假设为各组分布相同，若检验的卡方值显著，则拒绝原假设。单因素方差分析方法，将各组平均值相等作为原假设，若检验的卡方值显著，则可以拒绝原假设。

检验结果如表 3.12 所示，非参数 Kruskal-Wallis 检验的卡方值在 1% 的水平下高度显著。因此，拒绝原假设，包容性金融发展在各组的分布不同，各地区差异性判断显著。单因素方差检验结果显示其卡方值在 1% 的水平下显著，因此可以拒绝原假设，说明包容性金融发展各组平均值不同，并且这一差异具有统计意义。结合两者的检验结果，说明包容性金融发展存在显著的地区差异，这一差异分析有着统计意义。

表 3.12　　包容性金融发展差异的显著性判断

检验方法	卡方检验值	P 值
Kruskal-Wallis 检验	293.123	0.0001
单因素方差检验	263.5763	0.0000

3.4.3　包容性金融发展差异分析

从前述分析可知，我国包容性金融发展水平不高，且存在着显著的地区差异。

首先，从各指标构成维度上看，权重占的比重越大的维度，对包容性金融发展水平的影响越大。

其次，从权重占比最大的维度的构成指标进一步分析，即金融服务的广度（f_2）的 4 个构成指标：银行业金融机构数/万平方公里（0.152）、银行业从业人员数/万平方公里（0.204）、年末上市公司数/万平方公里（0.390）、保险公司机构数/万平方公里（0.254）。其中，权重最大是上市公司/万平方公里，其次是银行业的测度。这两者指标占比基本持平，这在一定程度上说明我国的资本市场逐渐发展起来，并且基本形成了多元化的包容性金融发展体系。

进一步，图 3.4 ~ 图 3.7 给出了 2006 年、2010 年和 2015 年包容性金融发展各维度的不同地区对比图。从图中可以看出不同维度指标的地区差异。从图 3.4 可知以金融服务深度度量的包容性金融发展差异，排在首位的依次是北京、上海、天津，而较为落后的地区是云南、贵州、河南。基本表现了东部地区高于中西部地区的特征。以金融服务广度度量的包容性金融发展水平，仍以上海、北京、天津、浙江、江苏等东部地区水平较高，而西部地区的西藏、青海、新疆等水平较低（见图 3.5）。金融服务效度（见图 3.6）方面变化较大，除了上海、北京的水平较高外，西部地区的西藏、青海等排序靠前，而内蒙古、河南、广西等排序靠后。从金融服务稳定性（见图 3.7）来看，北京、天津排序靠前，而贵州、甘肃等排序靠后。

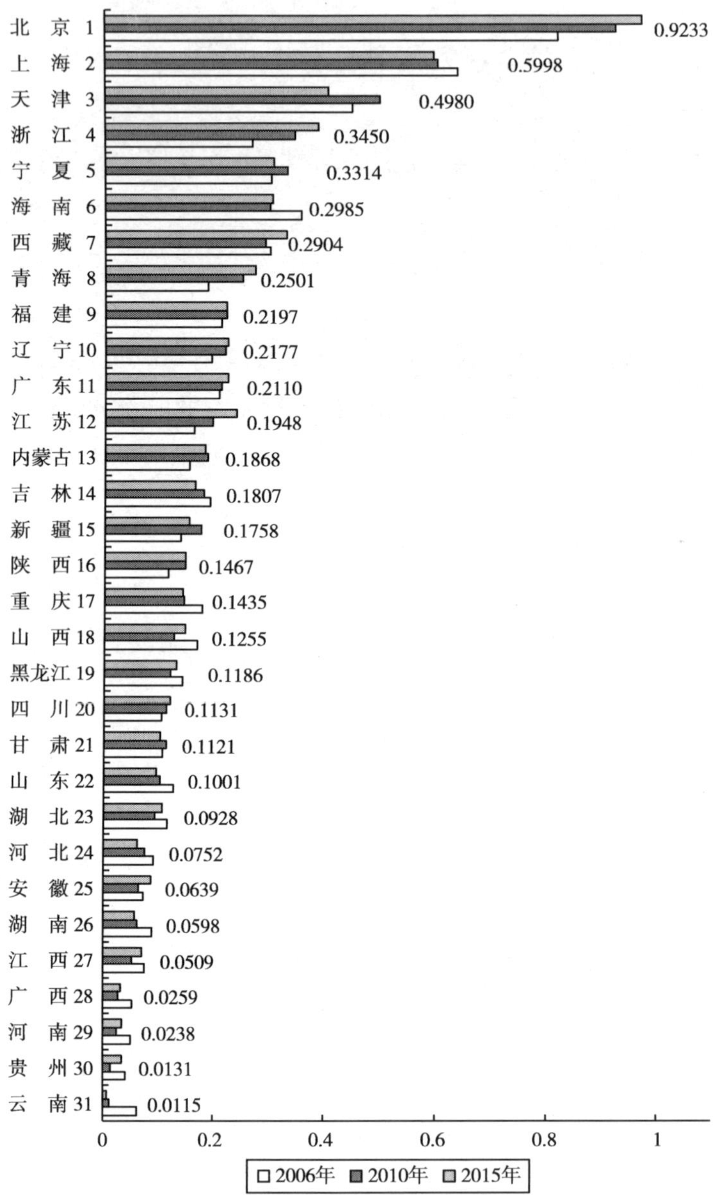

图 3.4　2006 年、2010 年、2015 年金融服务深度（f1）的比较

注：左侧数字是 2010 年排序情况，右侧数字是其计算值。

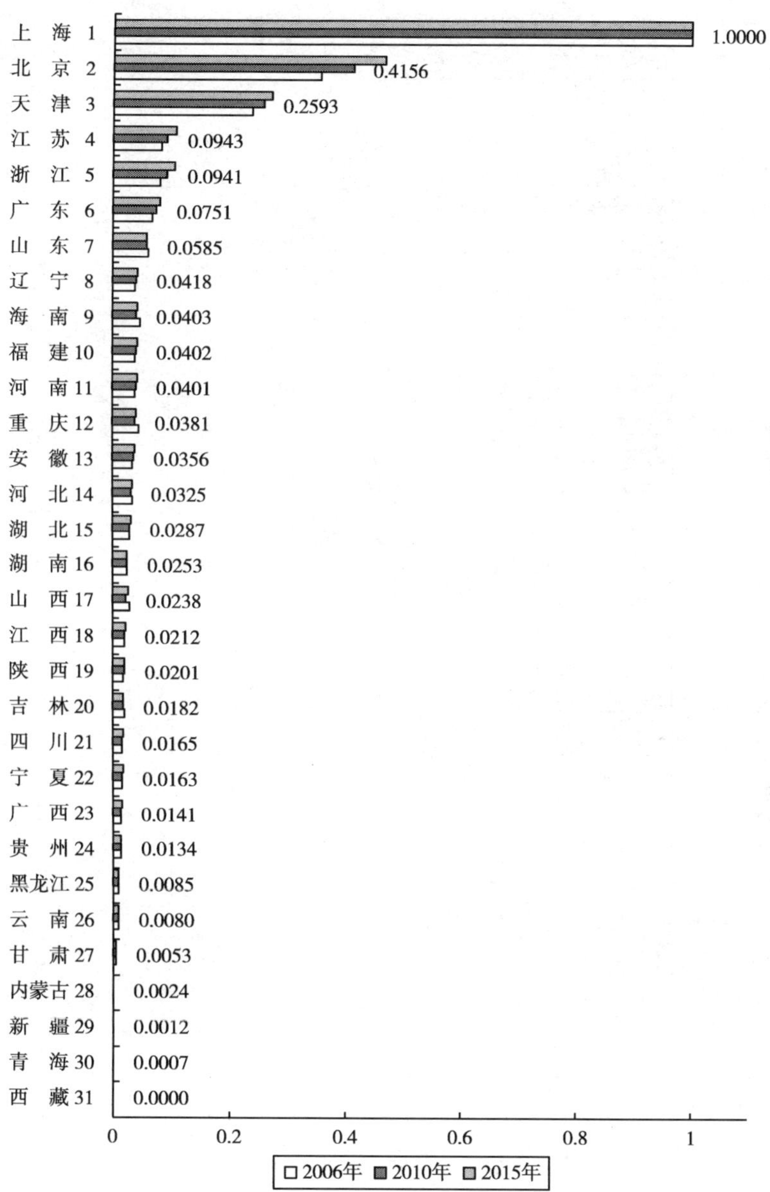

图 3.5　2006 年、2010 年、2015 年金融服务广度（f2）的比较

注：左侧数字是 2010 年排序情况，右侧数字是其计算值。

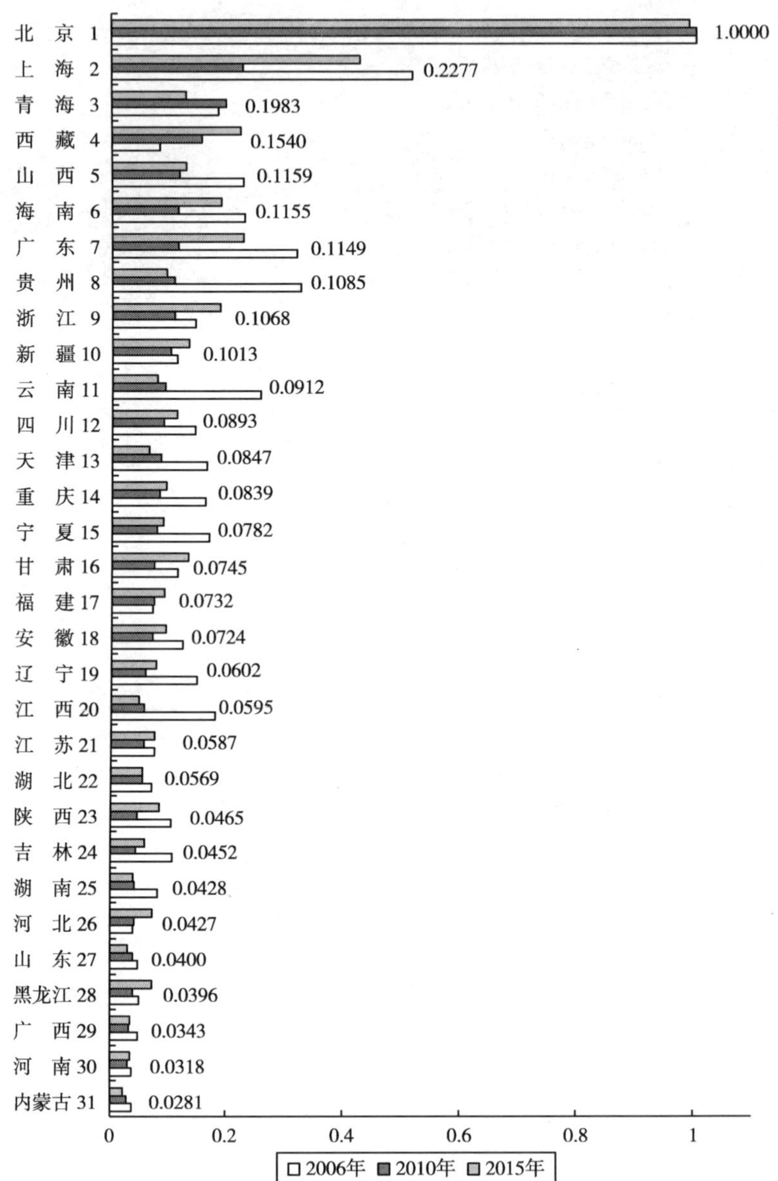

图 3.6　2006 年、2010 年、2015 年金融服务效度（f3）的比较

注：左侧数字是 2010 年排序情况，右侧数字是其计算值。

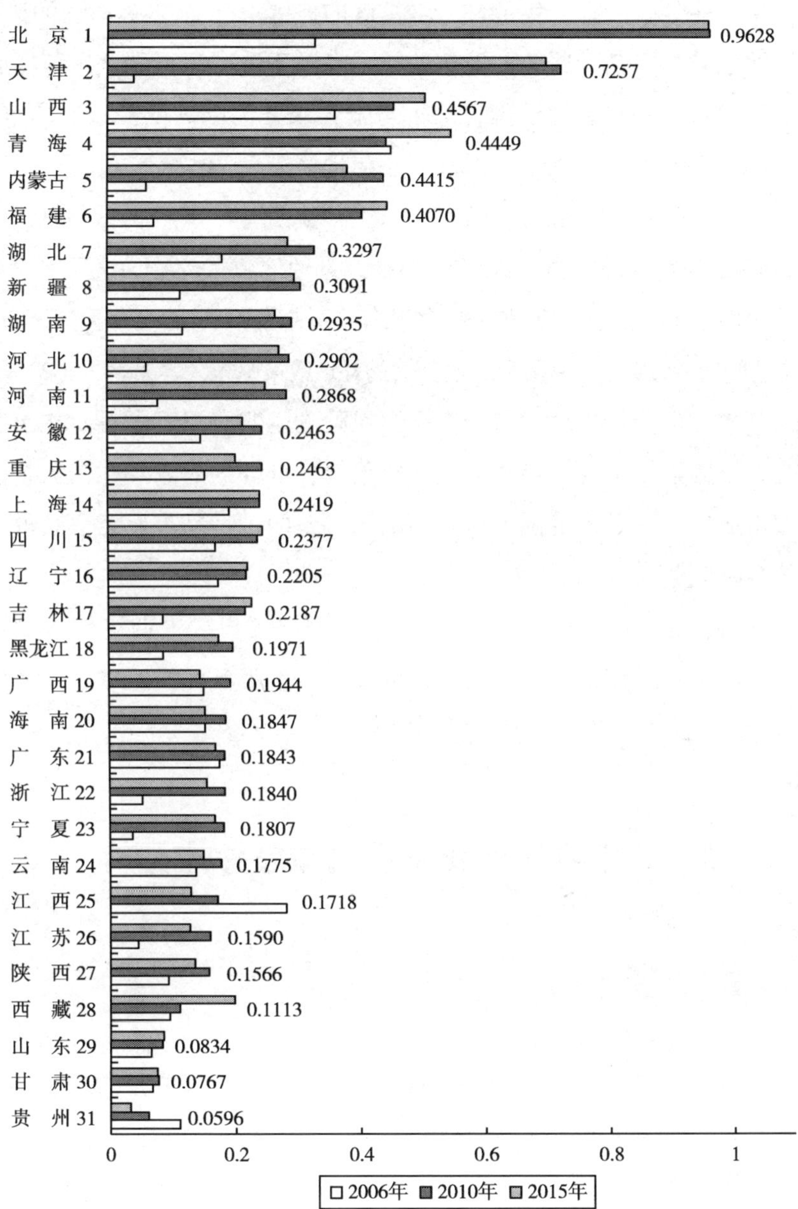

图 3.7　2006 年、2010 年、2015 年金融服务稳定性（f4）的比较

注：左侧数字是 2010 年排序情况，右侧数字是其计算值。

从前述分析可知，包容性金融发展的地区差异主要源于金融服务广度的差异，而金融服务广度的差异又来源于地区银行和资本市场服务。而导致这些差异的原因，除了与金融服务需求者的受教育程度、对金融知识的掌握程度等有关外，还与地区制度[①]建设有关。

首先，在中央政策的指导下，各地区相继出台了相关的政策推进如小额信贷发展、农村金融发展等，但在部分地区政策支持力度不足，如2013年山东用于金融基础设施建设的财政补贴为10万元，用于涉农和小微企业的扶持资金为119万元，而相关的补贴政策则很少（刘明等，2014）。

其次，可能在于金融机构对交易风险的规避，很多金融机构出于风险防范因素，出现了明显的去农化趋势，服务的对象集中于大企业或城市居民，而很多贫困群体，因缺乏必备的抵押品等，无法获得正规的金融服务。

最后，金融基础设施如ATM网点、网络接口、电话终端等的影响，金融基础设施的完善，能大幅度降低金融服务提供的成本、降低交易风险，提高包容性金融发展水平[②]。

3.5　包容性金融发展的减贫效应分析

3.5.1　问题的提出

2013年十八届三中全会正式提出“发展普惠金融”，“促进社会公平正义、增进人民福祉”，这标志着包容性金融发展已经成为我国金融改革的重要内容。党的十八大五中全会提出“以增进人民福祉、

① 本书第4章将详细阐述制度对包容性金融发展的作用。

② 参见崔艳娟，刘旸．我国包容性金融发展水平评价研究——基于我国省际数据的分析．大连理工大学学报（社会科学版），2017（4）：66－70.

促进人的全面发展作为发展的出发点和落脚点”“改革并完善适应现代金融市场发展的金融监管框架”再次表明了党和政府推进包容发展实现社会公平的强烈愿望。2017 年党的十九大报告中提出了打赢减贫攻坚战、决胜全面小康社会建设的目标。这无一例外地表明，党和国家推进成果共享、满足人民美好生活愿望的决心。随着我国经济进入新常态发展，经济福祉也由“先富先好”转向“包容平等”。由此，推进包容性金融发展，促进改革成果公平共享问题，成为党和国家关注的重要问题之一。

经过多年的改革深化，我国的金融发展规模不断扩大、金融发展效率不断提升、金融发展结构不断完善，逐步形成了以商业银行为主的多元化金融发展格局。但其形成却源于政府主导的发展路径和投资拉动的经济增长模式（乔海曙和杨蕾，2016），仍存在不平衡、不协调、不持续问题（周正庆，2011），特定群体（如农户、低薪工人等）的金融需求无法满足（中国普惠金融工作组，2012），不利于发展成果的共享。在经济新常态发展中，包容性金融发展在推进“包容平等”中的作用不可忽视，早期的贴息贷款、保险服务到现在的村镇银行等金融减贫实践为我国包容性金融发展积累了重要的实践基础。因此，在这一背景下，研究包容性金融发展对贫困减缓的作用，对完善我国“多层次、广覆盖、可持续”的包容式金融体系建设与推动改革成果共享有着重要意义。

自 20 世纪 90 年代，金融发展对贫困减缓的作用得到了广泛的关注，大量的跨国数据样本和特定国家分析证明了金融发展可以通过经济增长和收入分配两个间接途径影响贫困减缓①，银行机构数量的扩

① 如 Li et al.（1998），Jalilian & Kirkpatrick（2001，2005），Dollar & Kraay（2001），Clarke et al.（2003），Beck，Demirgüç-Kunt & Levine（2004），Jeanneney & Kpodar（2005，2008）和 Daly & Akhter（2010）等跨国数据的研究，以及苏基溶和廖进中（2009），丁志国、谭伶俐和赵晶（2011）、崔艳娟和孙刚（2012）等对中国样本的讨论等，均证明了这一观点。参见本书 2.2 节文献综述部分。

大、面向贫困群体金融产品种类的增加，能提高贫困群体和小微企业借贷以及生产投资（如儿童教育的人力资本和农业机械等物质资本），扩大金融服务可获性（Allen et al.，2013），从而有效地增加其收入水平、平滑消费、提高其资产等受冲击的承担能力（Sen，2010），避免贫困的产生。作为金融发展重要方式之一的金融包容性发展，其目标就是将金融排斥（financial exclusion）的群体纳入正规的金融服务体系中（Fernandez，2006；Mohan，2006），保证经济体内所有成员能容易获得和使用正规的金融服务。因此，其对促进亲贫式增长、进而实现减少贫困、缩小收入差距有着重要作用（Chibba，2009）。相关学者（Allen et al.，2012；Demirgüç-Kunt & Klapper，2013；Bruhn & Love，2014；Karpowicz，2014；Dabla-Norris et al.，2015；Park & Mercado，2015）均采用跨国数据验证了包容性金融发展对贫困减缓的影响[①]。我国学者田杰和陶建平（2012）、车树林和顾江（2017）采用中国样本数据分析了包容性金融发展对提供农民收入、减缓农村贫困的积极作用。这些研究为探讨包容性金融发展对贫困减缓的影响提供了重要基础。本部分主要实证探讨我国自2005年小额信贷年后，包容性金融发展对贫困减缓的影响。后续内容安排如下：第二部分为回归模型构建和变量说明，第三部分对模型检验方法进行阐述，第四部分为经验检验结果，第五部分为稳健性检验，最后为本部分的结论与政策启示。

3.5.2 模型构建与变量说明

3.5.2.1 模型构建

随着金融发展的深化，整个金融体系质和量的提高，使其资源配

① 具体内容参见文献综述部分。

置、公司治理、风险管理、金融服务（储蓄、贷款、保险、培训等）等功能作用日益明显化。金融发展的这些功能将直接影响一国的经济增长、居民收入分配以及金融机构提供金融服务的质量和数量，并作用于居民初始收入和就业机会等，从而对居民生活水平产生重要的影响。作为金融发展重要方式之一，包容性金融发展影响贫困减缓的途径仍然有直接路径与间接路径之分（见图3.8），直接路径即有金融机构通过提供金融服务的方式提高贫困群体的收入，但同时包容性金融发展的波动可能不利于贫困减缓。穷人对金融服务有着不同的需求，有时可能表现得比富人更为迫切（如储蓄），而金融发展则扩大了企业和家庭金融服务的获得性（Beck，Demirgüç-Kunt & Martinez-Peria，2007）。针对穷人的金融需求而设计良好金融服务产品供给，有利于其促成交易、降低汇款成本、积累资产、缓解收入波动等，从而增加穷人可持续生计的潜力，避免贫困的产生。

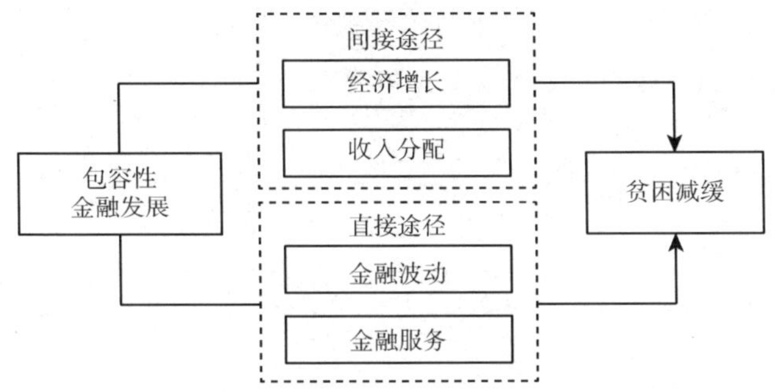

图3.8　包容性金融发展影响贫困减缓的途径

间接的作用途径主要是经济增长和收入分配。经济增长是金融发展减缓贫困的渠道之一，这一结论得到了很多学者的证明（King & Levine，1993；Holden & Prokopenko，2001；Jalilian & Kirkpatrick，2001；Honohan，2004；Jeanneney & Kpodar，2005，2008等）。他们认为，在市场机制作用下，经济增长所带来的整体财富会自动地、逐渐地流向低收入阶层，最终使穷人受益，即对贫困群体形成了“涓滴效应”①。金融发展减缓贫困作用的发挥，还要取决于收入分配。金融发展所推动的资金配置，能推动产业发展，一方面，为穷人提供更多的就业机会，提高其收入水平，降低贫困的减缓；另一方面，促进劳动力由传统农业转移到工业和服务业等高收入的现代产业，将导致收入差距不断扩大，这一过程可能会因马太效应的存在而加剧收入分配的不平衡②。由于这两个过程对收入分配的影响是截然相反的，因此，这一过程到底是加剧还是减轻了不平等，关键在于金融发展所转移的是技术劳动力还是非技术劳动力。有研究表明，金融发展引起的非熟练工人的转移有利于减少了收入分配不平等（Beck，Levine & Levkov，2007）。

根据以上分析框架，参考已有的研究③构建基本分析模型：

$$POV = f(FIN,\ RGP,\ INC,\ X) \tag{3.8}$$

其中，IFI、INS、RGP、INC 分别表示包容性金融发展、经济增长和收入分配差距，X 为影响贫困减缓的其他因素。

将式（3.8）两边取全微分，可得：

$$dPOV = \frac{\partial f}{\partial IFI}dIFI + \frac{\partial f}{\partial RGP}dRGP + \frac{\partial f}{\partial INC}dINC + \frac{\partial f}{\partial X}dX \tag{3.9}$$

其中，$\frac{\partial f}{\partial IFI}$、$\frac{\partial f}{\partial RGP}$、$\frac{\partial f}{\partial INC}$和$\frac{\partial f}{\partial X}$分别表示包容性金融发展的边际

① Todaro（1997）认为经济增长的收益即使不能直接使得最贫穷的人受益，也能通过中间阶层最终使穷人受益，即经济增长的整体财富会“涓滴”惠及穷人，实现减贫。在发展中国家，政府可以通过如失业救济、补贴等方式把经济增长的收益进行再分配，使增长的效益逐渐流向低收入阶层，从而解决贫困问题。然而初始收入差异可能会弱化经济增长对低收入人群的“涓滴”惠及，形成“富者越富，穷者越穷”的现象，同时经济增长的涓滴穷人的作用对于非金钱衡量的贫困更没有任何作用（Drèze & Sen，1989）。

② 由于存在融资约束、道德风险和财富效应，金融发展水平较低的经济中，金融结构不完善，利用金融中介的成本比较高昂，收入较低的人无法支付成本而不能得到金融服务，相应产业部门的生产效率比较低下，而收入较高的人则更加方便地取得融资，生产效率也会比较高的现象，也就说金融抑制收入差距的改善。

③ 崔艳娟（2014）对相关文献进行了梳理。参见崔艳娟．金融发展与贫困减缓：路径、效应与政策启示．经济科学出版社，2014.

减贫倾向、经济增长的边际减贫倾向、收入分配产局的边际减贫倾向以及其他影响因素的边际减贫倾向。这一模型解释了包容性金融发展、经济增长、收入分配影响贫困减缓的效应。

为便于进行回归分析，以 α_1、α_2、α_3 和 γ 分别替换式（3.9）中的$\frac{\partial f}{\partial IFI}$、$\frac{\partial f}{\partial RGP}$、$\frac{\partial f}{\partial INC}$和$\frac{\partial f}{\partial X}$，同时以 pov，ifi，rgp，inc 和 x 替换相对应的变量，式（3.9）可以改写为式（3.10），并作为包容性金融发展与贫困减缓分析的一般模型应用。

$$pov_{i,t} = \alpha_0 + \alpha_1 \times ifi_{i,t} + \alpha_2 \times rgp_{i,t} + \alpha_3 \times inc_{i,t} + \gamma \times x_{i,t} + \varepsilon_{i,t} \tag{3.10}$$

在式（3.10）的基础上，增加被解释变量的滞后项，改写为动态面板数据模型，如式（3.11）所示，用于分析包容性金融发展是否有利于贫困减缓的检验。

$$\begin{aligned} pov_{i,t} = {} & \alpha_0 \times pov_{i,t-1} + \alpha_1 \times ifi_{i,t} + \alpha_2 \times rgp_{i,t} + \alpha_3 \times inc_{i,t} \\ & + \gamma \times X_{i,t} + \lambda_t + u_i + \varepsilon_{i,t} \end{aligned} \tag{3.11}$$

其中，u 是未观测的特定地区固定效应，与时间无关；λ是未观测的特定时间固定效应，与地区无关；ε是误差项，服从通常的假设。i 表示省份，t 表示时期，α 为待估计系数。

3.5.2.2　变量说明

（1）贫困减缓（pov）。

尽管贫困的内涵①越来越广泛，但收入水平仍是贫困的重要标志。如最低 20% 人口的收入水平、人均消费水平（Quartey，2005；Odhiambo，2009b，崔艳娟和孙刚，2012 等）。此外，贫困率（贫困人口/总人口）、贫困缺口率（贫困人口纯收入与贫困线差距的总和/

---

① 参见第1章1.2.5小节有关贫困与贫困减缓内涵的阐述。

贫困人口总收入）和 FGT 指数等也常用与贫困减缓的测度。考虑我国省际数据的可得性以及我国贫困发生地为农村地区等的实际特点，本书以农村人均实际消费支出作为替代变量。

（2）包容性金融发展（ifi）。

这里以第 3 章所构建的包容性金融发展指数①计算，包容性金融发展指数越大，说明该地区的包容性金融发展水平越高。

（3）经济增长（rgp）。

国际上通常采取 GDP、人均 GDP 增长率和实际人均 GDP 来衡量经济增长。在实证当中，人均 GDP 数据比 GDP 总额数据可能出现的错误更少②，因此，人均实际 GDP 增长率与实际人均 GDP 都经常用作衡量经济增长水平，例如，Ravallion 和 Chen（2004）等研究了以人均实际 GDP 增长率所表示得经济增长与贫困减缓的关系，而 Barro（2000），Honohan（2004b），Jeanneney 和 Kpodar（2008）等采用实际人均 GDP 进行相关的跨国研究。考虑物价水平的影响，这里以人均实际 GDP（人均 GDP/CPI 指数）计算。

（4）收入分配差距（inc）。常用于收入分配差距的测度方法有基尼系数、泰尔指数、城乡居民人均收入比率等。由于各省区市数据的缺乏，并且基尼系数对中间阶层收入的变动比较敏感；城乡居民人均收入比率虽然计算简单，但却未考虑人口变动的影响。鉴于此，本书借鉴王少平和欧阳志刚（2008）提出的方法，采用泰尔指数度量收入分配差距。其中，i 和 t 分别表示省份和年份，p 和 z 分别表示人口数和总收入（以人口与人均收入乘积计算），r 和 u 分别表示农村地区和城镇地区。P 和 Z 分别表示各省区市的总人口和总收入水平。

$$inc_{i,t}=\left(\frac{p_{i,t}^{r}}{P_{i,t}}\right)\times\ln\left(\frac{p_{i,t}^{r}}{P_{i,t}}\Big/\frac{z_{i,t}^{r}}{Z_{i,t}}\right)+\left(\frac{p_{i,t}^{u}}{P_{i,t}}\right)\times\ln\left(\frac{p_{i,t}^{u}}{P_{i,t}}\Big/\frac{z_{i,t}^{u}}{Z_{i,t}}\right)\quad(3.12)$$

① 参见本书第 3 章 3.1 节～3.4 节部分。

② 因为一些影响 GDP 水平的估计误差也影响对人口的估计，这样误差可能被抵消。

（5）包容性金融发展的波动（evifi）。

随着经济新常态化的发展，金融供给侧改革的不断推进，包容性金融发展也会出现波动性，并在一定程度上影响包容性金融发展的减贫效应。这里借鉴 Jeanneney 和 Kpodar（2005，2008）的做法，采用包容性金融发展增长率残差的绝对值测度，用以考查包容性金融发展的波动对贫困减缓的影响。计算公式如下：

$$vx = \frac{1}{n}\sum_{t=1}^{n}|\varepsilon_t| \tag{3.13}$$

其中，vx 表示变动的波动性指标，ε_t 表示所计算变量的残差，以方程（3.14）计算。

$$x_t = a + bx_{t-1} + \varepsilon_t \tag{3.14}$$

（6）其他控制变量。

为了增加模型准确性，将影响包容性金融发展与贫困减缓的区位因素、制度因素、人力资本、宏观经济波动等因素作为主要控制变量。

金融发展波动（evfdv）。随着金融供给侧改革的推进，我国金融发展水平不断提高，并能减少贫困，但金融发展的波动将降低这一效应（崔艳娟和孙刚，2012）。由此，本书将金融发展规模作为控制变量之一，用以分析金融发展波动对包容性金融发展减贫效应的影响。金融发展规模是金融发展的重要测度指标之一，常用 M2/GDP（麦氏指标）、FIR（戈氏指标）衡量，但我国分省级的广义货币供应量（M2）、金融市场发展指标等数据无法获取，同时考虑到不发达国家国内信贷的作用，银行贷款/GDP 也可以作为衡量指标（Arestis，Demetriades & Luintel，2001）。由于我国金融发展的“银行主导”特点（Allen et al.，2005），同时考虑分省级数据的获得性，这里采用存贷款总额/GDP 作为金融发展规模指标。并以其增长率的残差计算金融发展波动，具体根据式（3.13）和式（3.14）计算。Garcia

(2016) 分析了包容性金融发展与金融波动的关系，认为两者是相生相伴的。由此，本书将这一变量加入，用以分析金融发展的稳定性对贫困减缓的影响。

宏观经济发展 (rgdp)。尽管无论是穷人还是富人都能共享经济福祉，但是他们在经济增长中的获益比例是不同的 (Fields，2001)，只有穷人收入的提高才对社会福利的增加更有意义 (Norton，2002)[①]。当前，我国已经转入经济新常态时期，经济增长由原来的高速发展转向中高速发展，对经济福祉的影响也转向包容平等。由此，本书增加这一变量，用以衡量经济增长是否是“利贫增长”(pro-poor growth)。计算方法为地区 GDP 的增长率。

宏观经济波动 (evgdp)。宏观经济波动对经济增长 (Imbs，2007)、经济福祉 (Pallage & Robe，2003) 等有是不利的。尤其是在贫穷的地区，宏观经济波动的不利影响尤为明显。这里以 GDP 增长根据式 (3.13) 和式 (3.14) 计算宏观经济波动。

物价波动率 (vcpi)。物价水平直接关乎居民的生活水平，并且物价过高在一定程度上会降低收入水平，因此，将其加入作为控制变量，具体值根据式 (3.13) 和式 (3.14) 计算。同时，本指标与 GDP 增长波动一起反映宏观经济波动的影响。

教育水平 (edu)。将教育水平作为反映人力资本[②]的控制变量。相关的衡量指标如小学入学率和中学入学率或政府对中小学的教育支出费用 (杨俊等，2006)。但是，由于我国实施的是 9 年义务教育，升学率这一指标不能恰当地反映我国的教育水平。同时，我国高等教育发展迅速，仅用中小学升学率也难以全面反映教育水平。考虑以上情况，同时我国的教育系统又主要依靠政府财政支出，因此，借鉴张

---

① 陈绍华、王燕 (2001) 分析了中国 1990～1999 年的经济增长与减贫问题，认为经济增长显著的促进了贫困率的下降，但穷人在经济增长中的获益少于富人。

② 张建华等 (2010) 的研究表明，人力资本丰裕的家庭贫困发生率为 0.47%，而匮乏的家庭为 6.76%。人力资源的匮乏往往会造成贫困的恶性循环和代际相传。

文等（2010）的做法，以教育支出/财政总支出衡量教育水平，从而反映政府公共教育投入。另外，这一指标也可作为政府作用的变量，反映政府政策对贫困的影响。

交通密集度（geo）。公路覆盖率在一定程度上影响了金融服务提供的可能性，因此将其作为控制变量之一，用以反映金融服务获得的可能性，同时也作为区位因素的控制变量。计算公式为：公路里程数（km）/总面积（km^2）。

经济开放程度（open）。经济开放能促进具有比较优势产业的发展，从而有利于贫困减缓，但是我国很多地区实施的是产业非农化政策，这是政府赶超政策实施的结果，因此不符合比较优势和资源禀赋的国际贸易基础（林毅夫等，1994），其影响不确定。本书以其作为制度因素指标，依据国际上相关研究常用的方法，采用对外进出口总额/GDP 计算。

产业结构（ind）。产业结构通常以第一或第二或第三产业值比重表示。根据配第—克拉克定理，第二、第三产业产值比重上升即产业结构优化。由于我国当前工业化进程较快，在一定程度上又有利于就业，进而减缓贫困，因此，本书用工业产值/GDP 测度产业结构，用于分析工业化发展对贫困减缓的影响。

各变量定义与计算方法如表 3.13 所示。

表 3.13 各变量定义与计算方法

变量符号	指标含义	变量计算
pov	贫困减缓	农村人均消费水平
ifi	包容性金融发展	包容性金融发展指数
rgp	经济增长	人均实际 GDP
inc	收入差距	泰尔指数
evifi	包容性金融发展波动	包容性金融发展变化率的残差
rgdp	宏观经济发展	实际 GDP 的增长率
evgdp	宏观经济波动	实际 GDP 变化率的残差

续表

变量符号	指标含义	变量计算
evfdv	金融发展波动	存贷款余额/GDP 增长率的残差
vcpi	物价水平的波动	cpi 变化率的标准差
edu	人力资本	教育支出/财政支出
open	开放度	进出口贸易额/GDP
geo	交通密集度	公路里程（km）/总面积（km^2）
ind	产业结构	工业产值/GDP

为避免变量内生、异方差以及数据变动幅度过大的影响，同时提高计量分析的稳健性，以上变量中除波动率、实际 GDP 的增长率、泰尔指数外均取自然对数。

3.5.2.3 样本数据与处理

由于西藏部分数据缺失，因此本部分所用样本中不包括西藏，同时也不包括香港、澳门和台湾，实证所用样本共 30 个省级行政单位。

尽管我国早期就有金融发展的实际，但在包容性金融发展理念下开始的实践起源 2005 年小额信贷。因此，样本的时间区间设置为 2006 ~ 2015 年。

样本原始数据来源于 2007 ~ 2016 年的《金融统计年鉴》《中国统计年鉴》和各省区市统计年鉴，并整理计算。各变量基本统计特征如表 3.14 所示。从表中可以看出贫困减缓变量（pov）、包容性金融发展（ifi）存在较大变化。

表 3.14 样本变量基本统计特征

变量	观测值	平均值	标准差	最小值	最大值
pov	300	4.042	0.555	2.874	5.438
ifi	300	2.120	0.692	1.184	4.336
rgp	300	5.715	0.585	4.035	6.967
inc	300	-0.009	0.431	-2.819	0.281

续表

变量	观测值	平均值	标准差	最小值	最大值
evifi	240	0. 058	0. 031	0. 001	0. 171
rgdp	270	-0. 409	1. 172	-4. 602	0. 779
evgdp	270	0. 956	0. 353	0. 407	2. 820
evfdv	270	0. 835	0. 325	0. 140	2. 848
vcpi	300	0. 038	0. 015	0. 000	0. 065
edu	300	2. 797	0. 158	2. 292	3. 101
open	300	5. 240	0. 984	3. 576	7. 452
geo	300	4. 203	0. 792	1. 888	5. 345
ind	300	4. 822	0. 312	3. 902	5. 459

表3. 15给出了贫困减缓变量（pov）与主要解释变量间的相关性检验。其中，上三角为Spearman检验结果，下三角位Pearson检验结果①。根据系数矩阵，可以初步判断包容性金融发展、经济增长均与贫困减缓间存在显著的正相关关系，而收入分配差距和包容性金融发展的波动与贫困减缓间存在显著的负相关关系。

表3. 15　　　　Pearson和Spearman相关系数矩阵

	pov	ifi	rgp	incl	evifi
pov	1. 000 (0. 000)	0. 514 (0. 000)	0. 914 (0. 000)	-0. 737 (0. 000)	-0. 223 (0. 001)
ifi	0. 641 (0. 000)	1. 000 (0. 000)	0. 589 (0. 000)	-0. 476 (0. 000)	-0. 527 (0. 000)
rgp	0. 924 (0. 000)	0. 673 (0. 000)	1. 00 (0. 000)	-0. 744 (0. 000)	-0. 271 (0. 000)
incl	-0. 329 (0. 000)	-0. 189 (0. 003)	-0. 322 (0. 000)	1. 000 (0. 000)	0. 247 (0. 000)
evifi	-0. 215 (0. 001)	-0. 474 (0. 000)	-0. 227 (0. 000)	0. 083 (0. 198)	1. 000 (0. 000)

注：上三角为Spearman检验结果，下三角位Pearson检验结果。( ) 内为P值。

① Spearman检验可以衡量两个变量之间关系强弱性的秩统计参数，下三角位Pearson检验定距变量之间的线性关系。两者的相关系数在-1～+1之间。

3.5.3 模型的检验方法

3.5.3.1 动态面板数据模型

本部分分析数据采用的是2006~2015年我国31个省区市的动态面板数据，具有“大N小T”的特征，且回归模型中包含被解释变量的滞后项，因此动态面板估计较为适用（Roodman，2006）[①]。

动态面板估计的基本形式如下：

$$y_{i,t} = \delta y_{i,t-1} + \gamma X_{i,t} + \mu_i + \varepsilon_{i,t} \tag{3.15}$$

其中，$y_{i,t}$为被解释变量，$y_{i,t-1}$为被解释变量的滞后项，X_{it}为$k \times 1$阶回归变量列向量（包括k个回归量）。δ为系数，γ为$k \times 1$阶回归系数向量，μ为非观测截面个体效应，ε_{it}为随机扰动项。i表示第i个样本，i=1，2，…，N；t=1，2，…，T。

动态面板数据一个突出的优点，就是通过控制固定效应较好地克服了变量遗漏问题，而且还较好地克服了反向因果性问题。但是，在动态面板数据模型中，由于因变量的滞后项作为解释变量，从而有可能导致解释变量与随机扰动项相关，导致内生性问题，且模型具有横截面相依性，如采用传统的方法，估计量必须满足如模型的随机误差项服从正态分布或某一已知分布的假设。传统的OLS估计将产生向上的偏差，随机效应GLS估计也会有偏差，而固定效应模型进行估计将产生向下的偏差，导致参数估计值将是有偏的、非一致的，推断的经济学含义也会发生扭曲。Arellano和Bond（1991），Arellano和Bover（1995），Blundell和Bond（1998）等提出并发展的广义矩（generalized

① Roodman（2006）认为以下五种情况适用于动态面板估计：截面单元N较大，而时序单位T较小；因变量和自变量存在线性函数关系；包含因变量滞后项的动态模型；自变量不是严格外生的；存在非观测的固定效应。

method of moments，GMM）估计[①]，很好地解决了上述问题。

3.5.3.2　系统 GMM 的估计思想

GMM 估计包括一阶差分 GMM 估计和系统 GMM 估计。Arellano 和 Bond（1991）通过对模型差分，并在一定条件下设置差分值的工具变量，得到差分 GMM 估计量，通过差分消除了非观测截面个体效应，有效地克服了内生性和残差的异方差问题，但差分同时消除了不随时间变化的其他变量，导致弱工具性问题出现，实际回归时常出现 Sargan 检验显著被拒绝的问题，使差分 GMM 估计有时并非有效估计。Arellano 和 Bover（1995），Blundell 和 Bond（1998）在差分 GMM 的基础上，增加了被解释变量差分的滞后项与随机误差正交的矩条件，即系统 GMM 估计。Blundell 和 Bond（1998）以 Monte Carlo 法证明了系统 GMM 估计克服了差分 GMM 因为变量很少时在小样本中存在偏差的问题，提高了估计的一致性和有效性。

系统 GMM 估计基于实际参数满足一定矩条件而形成的一种参数估计方法。它运用工具变量产生相应的矩条件方程，即对估计方程一阶差分，选取合适的工具变量并产生相应的矩条件方程，消除固定效应的影响。再用一组滞后的解释变量作为差分方程中相应变量的工具变量（假设原方程随时间变化的干扰是不连续的相关），从而获得一致性估计。该方法不需要知道随机误差项的准确分布信息，允许随机误差项存在异方差和序列相关，因而所得到的参数估计量比其他参数估计方法更有效。

系统 GMM 估计的基本原理[②]如下：

以式（3.15）为基础，进行一阶差分得到式（3.16），即 Arella-

---

① 为避免传统方法和小样本估计的偏差，这里采用系统 GMM 方法进行估计，这一方法回归时用解释变量滞后项作为工具变量，无须考虑异方差、序列相关以及随机误差项的准确分布信息，并且回归结果更有效。

② 系统 GMM 的估计原理参见：巴蒂·H. 巴尔塔基著，白伯林等译．面板数据计量经济分析［M］. 机械工业出版社，2010（5）：128－140.

no & Bond（1991）提出的差分 GMM 估计：

$$\Delta y_{it} = \alpha \Delta y_{it-1} + \beta \Delta x_{it} + \Delta \varepsilon_{it} \tag{3.16}$$

其中 y_{it-1} 是 ε_{it-1} 的函数。通常把 Y_{it-2}、ΔY_{it-2} 作为工具变量，它们与 Δy_{it-1} 高度相关，而与 $\Delta \varepsilon_{it}$ 不相关。

在此基础上，采用下列矩条件：

$$f(\alpha) = \sum_{i=1}^{n} f_i(\alpha) = \sum_{i=1}^{n} z_i' \varepsilon_i(\alpha) \tag{3.17}$$

其中，z_i' 为所选取的工具变量向量，残差项 $\varepsilon_i(\alpha)$ 的表达式为：

$$\varepsilon_i(\alpha) = \Delta Y_{it} - \alpha_1 \Delta Y_{it-1} - \sum_{i=1}^{n} \alpha_i \Delta X_{kit-1} \tag{3.18}$$

设置目标函数，有：

$$S(\alpha) = \left[\sum_{i=1}^{n} z_i' \varepsilon_i(\alpha)\right]' H \left[\sum_{i=1}^{n} z_i' \varepsilon_i(\alpha)\right] = f(\alpha)' H f(\alpha) \tag{3.19}$$

其中，权重矩阵 H 为某一正定矩阵，目标函数极小化时的参数估计量，即系统 GMM 估计量①。

系统 GMM 估计适用性主要通过两个检验来验证。第一个为 Hansen 检验，用来检验在过度识别（over-identifying）的情况下工具变量是否准确，其原假设为工具变量是正确的。若检验结果显著时，则拒绝原假设。第二个为序列相关检验，原假设是第二阶系列无相关的误差。若检验结果显著时，则拒绝原假设②。

① 李群峰．动态面板数据模型的 GMM 估计及其应用［J］．统计与决策，2010（16）：161－163.

② Bond 等（2001）给出了简单的检验办法，即以系统 GMM 估计值分别与固定效应估计值和混合 OLS 估计值进行比较来判断，由于混合 OLS 估计通常会严重高估滞后项的系数，而固定效应估计一般会低估滞后项的系数，因此，如果系统 GMM 估计值介于两者之间，那么系统 GMM 估计就是可靠且有效的。

3.5.4　模型的估计结果

系统 GMM 检验结果如表 3.16 所示，为避免时间效应的影响，所有回归中均包含时间哑变量。列（1）给出了基本模型的估计结果，列（2）~列(11）给出了逐步加入控制变量的估计结果。从各模型的 Hansen 检验和 AR（2）参数结果看，模型的估计结果有效。贫困减缓滞后项的符号是正数，且高度显著，说明贫困减缓的存在代际相传的特点，具有持续性。

从列（1）看，包容性金融发展（ifi）的估计系数为正数，且高度显著，这说明包容性金融发展有利于贫困减缓，包容性金融发展对贫困减缓的贡献率为 4.3%。同时，经济增长（rgp）与贫困减缓正相关、收入差距（inc）与贫困减缓负相关，说明经济增长与收入差距的减少有利于贫困减缓，经济增长与收入差距缩小对贫困减缓的贡献率分别为 11.2% 和 3.9%。

列（2）和列（3）分别增加了包容性金融发展波动（evifi）和金融发展波动（evfdv）两个控制变量，用以分析包容性金融发展和金融发展（金融发展规模）的稳定对贫困减缓的影响。从检验结果看，估计系数均为负数，说明包容性金融发展波动和金融发展波动对贫困减缓不利。只有稳定的包容性金融发展和金融发展规模的扩大才能有利地推进贫困减缓。

列（4）、列（5）和列（6）分别增加了宏观经济发展（rgdp）、宏观经济波动（evgdp）和物价水平波动（vcpi）三个控制变量，用以分析宏观经济稳定对贫困减缓的影响。从估计结果看，宏观经济发展的系数为正，说明宏观经济发展有利于贫困减缓。但宏观经济波动和物价水平波动的系数为负，说明宏观经济不稳定不利于贫困减缓。

表 3.16　　包容性金融发展对贫困减缓（农村人均消费水平）的影响

	(1)	(2)	(3)	(4)	(5)	(6)	(7)	(8)	(9)	(10)	(11)
pov(−1)	0. 760 *** (0. 075)	0. 759 *** (0. 075)	0. 770 *** (0. 075)	0. 743 *** (0. 071)	0. 765 *** (0. 075)	0. 791 *** (0. 043)	0. 726 *** (0. 072)	0. 700 *** (0. 081)	0. 756 *** (0. 069)	0. 763 *** (0. 072)	0. 741 *** (0. 049)
ifi	0. 043 ** (0. 019)	0. 033 ** (0. 017)	0. 037 * (0. 021)	0. 050 *** (0. 019)	0. 037 ** (0. 021)	0. 025 ** (0. 011)	0. 050 *** (0. 018)	0. 045 *** (0. 017)	0. 039 ** (0. 016)	0. 044 *** (0. 018)	0. 065 ** (0. 034)
rgp	0. 112 *** (0. 035)	0. 132 *** (0. 041)	0. 115 *** (0. 035)	0. 119 *** (0. 032)	0. 118 *** (0. 035)	0. 105 *** (0. 023)	0. 136 *** (0. 036)	0. 131 *** (0. 036)	0. 117 *** (0. 033)	0. 104 *** (0. 034)	0. 167 *** (0. 058)
incl	−0. 039 * (0. 005)	−0. 032 *** (0. 005)	−0. 036 *** (0. 006)	−0. 029 *** (0. 006)	−0. 039 *** (0. 005)	−0. 033 (0. 005)	−0. 034 *** (0. 005)	−0. 034 *** (0. 004)	−0. 039 *** (0. 005)	−0. 040 *** (0. 008)	−0. 028 *** (0. 009)
evifi		−0. 260 ** (0. 129)									
evfdv			−0. 009 (0. 010)								
rgdp				0. 003 * (0. 002)							0. 008 (0. 007)
evgdp					−0. 018 *** (0. 009)						
vcpi						−1. 185 (3. 221)					
edu							0. 044 *** (0. 016)				0. 064 (0. 080)
open								0. 016 ** (0. 007)			0. 069 ** (0. 030)

续表

	(1)	(2)	(3)	(4)	(5)	(6)	(7)	(8)	(9)	(10)	(11)
geo									0.006# (0.004)		0.075* (0.040)
ind										0.011# (0.008)	0.067 (0.119)
Constant	0.423*** (0.098)	0.339*** (0.091)	0.386*** (0.098)	0.436*** (0.098)	0.388*** (0.099)	0.417 (0.313)	0.290** (0.095)	0.489*** (0.111)	0.399*** (0.094)	0.407*** (0.080)	-0.298 (0.422)
Obs.	270	210	240	270	240	240	270	270	270	270	270
Num. of prov.	30	30	30	30	30	30	30	30	30	30	30
HansenTest	0.993	0.936	0.996	0.998	0.988	0.971	0.962	0.976	0.993	0.981	0.895
AR (2)	0.331	0.948	0.577	0.263	0.278	0.318	0.260	0.322	0.305	0.268	0.150

注：Pov（-1）为贫困减缓变量的滞后项；括号内为各统计量的标准差；***、**、*、#分别表示1%、5%、10%、20%的水平下显著回归方程中包含时间哑变量。

列（7）~列(10）分别给出了人力资本（edu)、经济开放程度(open)、交通密集度（geo）以及产业结构（ind）四个控制变量，用以分析教育水平、地方经济开放程度、交通方便程度以及产业结构变化对贫困减缓的影响。从估计结果看，估计系数均为正数，说明教育水平的提升有利于贫困减缓，这一结论与 Park 和 Mercado（2015）的研究结果保持了一致，教育水平不仅关系贫困减缓的程度，同时也是提高金融包容水平的重要影响因素（郭田勇和丁潇，2015）。同时，经济开放程度的扩大、交通密集水平提高以及产业结构的改善，有利于贫困减缓。

3.5.5 稳健性检验

这里采用逐步加入解释变量和变换样本数据的方式检验回归结果的稳健性。

首先，采用逐一加入解释变量的方法进行稳定性检验，检验结果如表 3.16 列（2）~列(10）所示，同时，列（11）给出了同时加入了除波动率外[①]的所有控制变量的估计结果。与之前的估计结果对比，各变量的估计符号未发生变化，包容性金融发展对贫困减缓具有积极的影响。从检验结果看，主要估计结果未发生变化，包容性金融发展对贫困减缓有着积极的促进作用。检验结果稳定。

其次，变换分析样本数量，再次进行回归。其一，我国包容性金融发展的实践较早，如早期的贴息贷款等。但这一理念却是近年才提出的，并且从全世界发展看，也是在 2013 年的 G20 峰会后，包容性金融发展成为政策制定者和利益相关者的关注热点。此外，我国 2008 年和 2010 年两次调整了贫困标准。因此，这里将样本数据范围

① 为避免多重共线性，未将各变量的波动率加入。

调整为2011～2015年，并将主要控制变量①加入模型中，重新对模型进行回归，检验结果如表3.17所示。列（1）为基本模型回归结果，列（2）～列（8）为逐一加入控制变量后的回归结构，列（9）将除了波动率、教育支出（edu）、产业结构（ind）外的所有变量进行了整体回归。从回归结果看，主要估计结果未发生变化，包容性金融发展对贫困减缓具有积极的促进作用，估计结果稳定。

表3.17　　2011～2015年数据估计结果

	(1)	(2)	(3)	(4)	(5)	(6)	(7)	(8)	(9)
pov(-1)	0.670*** (0.080)	0.694*** (0.076)	0.671*** (0.086)	0.678*** (0.078)	0.593*** (0.093)	0.634*** (0.115)	0.645*** (0.085)	0.662*** (0.082)	0.648*** (0.117)
ifi	0.053*** (0.019)	0.045** (0.018)	0.053*** (0.020)	0.046*** (0.018)	0.066*** (0.020)	0.054*** (0.018)	0.053** (0.018)	0.055*** (0.020)	0.053*** (0.020)
rgp	0.199*** (0.050)	0.184*** (0.047)	0.197*** (0.052)	0.194*** (0.047)	0.244*** (0.058)	0.215*** (0.060)	0.215*** (0.053)	0.200*** (0.048)	0.206*** (0.060)
incl	-0.029* (0.011)	-0.032*** (0.010)	-0.027** (0.011)	-0.033*** (0.011)	-0.027*** (0.011)	-0.029*** (0.011)	-0.029*** (0.011)	-0.029*** (0.011)	-0.028** (0.011)
evfdv		-0.024 (0.021)							
rgdp			0.002 (0.002)						0.002 (0.002)
evgdp				-0.071*** (0.025)					
edu					0.074** (0.033)				
open						0.008 (0.012)			0.004 (0.012)
geo							0.006 (0.006)		0.005 (0.006)
ind								0.007 (0.017)	
Constant	0.267*** (0.113)	0.290*** (0.108)	0.275*** (0.113)	0.346*** (0.113)	0.107 (0.147)	0.293*** (0.119)	0.256** (0.115)	0.260** (0.119)	0.283 (0.123)

① 控制变量中未包含包容性金融发展波动、物价波动，主要考虑样本数据以及变量间的多重共线性的对估计结果的影响。

续表

	(1)	(2)	(3)	(4)	(5)	(6)	(7)	(8)	(9)
Obs.	120	120	120	120	120	120	120	120	120
Num. of prov.	30	30	30	30	30	30	30	30	30
HansenTest	0.520	0.582	0.399	0.371	0.565	0.544	0.563	0.537	0.536
AR (2)	0.488	0.524	0.585	0.337	0.353	0.466	0.476	0.479	0.573

注：Pov（-1）为贫困减缓变量的滞后项；括号内为各统计量的标准差；***、** 和 * 分别表示 1%、5% 和 10% 的水平下显著；回归方程中包含时间哑变量。

根据所构建的包容性金融发展评价指数，以我国 2006~2015 年 30 省区市的动态面板数据模型，用系统 GMM 方法对包容性金融发展的贫困减缓效应进行检验，主要结论有：

（1）包容性金融发展对贫困减缓的影响是积极的，同时经济增长和收入差距的缩小均有利于贫困减缓，包容性金融发展的贡献率大约在 5%，与收入差距缩小的贡献率大致相当，但远低于经济增长的贡献率。

（2）金融发展、包容性金融发展以及宏观经济发展不稳定因素对贫困减缓不利，其中又以包容性金融发展不稳定为最。

（3）教育水平、经济开放、交通便利以及产业结构优化对贫困减缓具有积极的影响。这可能与我国多年实施的产业政策有关。

3.6 结论与对策建议

包容性金融发展的重要特征是金融服务的覆盖、可获、可持续。根据这一特点，以及相关的研究，本部分从深度、广度、效度、稳定性四个维度选取了银行、上市公司、保险公司三个金融服务机构的共 15 指标构建了包容性金融发展的测度指标，并计算了中国 31 个省区市 2006~2015 年的包容性金融发展水平。从计算结果看，东部地区的包容性金融发展水平高于中西部地区，但中西部地区包容性金融发展的增长速度高于东部地区。在我国包容性金融发展的整体水平较低，且地区差异显著，这可能与各地政策的实施、执行，基础设施完备等因素有关。本书第 4 章将专门讨论制度质量对包容性金融发展地区差异的影响。

进一步，本章对包容性金融发展的减贫效应进行了检验分析。自 2003 年 G20 峰会后，包容性金融发展因其提高资源配置效率、减缓贫困、提高社会福利等作用，得到了政策制定者和学术界、实践领域的重视。而从相关研究看，缺乏中国样本数据的证据。本章在计算我国不同地区包容性金融发展水平差异的基础上，构建动态回归模型，以我国 30 个省区市的面板数据，运用系统 GMM 方法检验了包容性金融发展对贫困减缓的影响。结果表明：包容性金融发展有利于贫困减缓，但这一效果又会受到包容性金融发展波动、宏观经济波动的影响。除了直接作用途径外，经济增长、收入分配仍是包容性金融发展影响贫困减缓的重要间接路径。此外，教育水平、经济开放、交通便利以及产业结构优化也能促进贫困减缓。

综上所述，在推动包容性金融发展时，应区别于财政转移、社会贫困救助对贫困减缓的作用（何德旭和苗文龙，2015），在增加金融服务主体机构、扩大服务范围的同时，考虑金融服务效度和稳定性的影响，借助互联网技术，促进社会资本与政府的结合，创新包容性的金融服务产品和担保方式，借助政府服务平台，扩大金融知识与法律的宣传，实现跨产品、跨机构、跨市场的协调，通过“大数据”计算手段，建立健全个人征信体系，提高金融机构的可持续性与对特定群体的包容，提高金融包容水平，发挥其减贫效应。

制度质量、包容性金融发展与减贫的关系研究
Chapter 4

第4章 制度质量对包容性金融发展影响的经验检验

4.1 问题的提出

党的十八报告和十九大报告中均提出“深化金融体制改革，……发展多层次资本市场”，同时十八报告和十八大三中全会报告分别提到了“推进制度创新，……，使发展成果更多更公平惠及全体人民”，以及“实现发展成果更多更公平惠及全体人民，……，坚决破除各方面体制机制弊端”。稳步完善制度环境是我国“多层次、广覆盖、可持续”金融体系建设和包容性金融发展战略实施的重要基础。

从改革实践看，我国的金融体系发展迅速，基础设施、支付体系、法律监管等不断完善，这是经济市场化的必然推动结果。经济市场化是由一系列经济、社会、法律等制度变迁组成的，1978 年我国实施的“市场渐进”式的经济政策，在促进经济市场化水平提高的同时，也提高了金融发展水平（江春和许立成，2004）。尽管如此，我国金融发展仍存在着地区差异，不平衡、不协调、不持续仍是主要问题。金融改革实际与预期目标产生差距的重要原因之一就是产权、法律、行政体制、监管等制度的影响（Demetriades & Andrianova，2005；江春和王鸾凤，2009）。金融发展中的逆向选择和道德风险问题，决定了制度必然是其重要的影响因素。我国幅员辽阔，地区间的发展轨迹、市场化进程有着明显的差异：重大改革举措都是在东部地区试点后，再决定是否向其他地区推行，这种推进改革必然使各地区存在制度推行的顺序，也必然使各地区间制度质量拉开差距。这是我国包容性金融发展战略实施和深化金融改革促进成果共享所必须考虑的现实问题。

包容性金融发展具有提高资源配置效率与公平、减少社会排斥和收入不均、实现社会公正的积极作用（Fergusson，2006；Sen，2010）。而制度环境则是促增长金融体系构建的决定因素（Casson et al.，2010），但制度环境的完善程度将直接影响金融体系能否公平有效地配置资源，以及改革成果能否实现公平共享。但理论上的直接探讨较少，当前国外的文献以实证和实践为主，例如，Sarma 和 Pais (2011) 对金融包容水平的跨国数据分析、Demirgüç-Kunt 和 Klapper (2012) 对特定国家实践案例的探讨等，而国内主要以定性分析为主，如何光辉和杨咸月（2011）关于金融包容模式的阐述、闫海洲和张明珅（2012）对金融包容面临问题与体系建设的探讨。包容性金融发展需要完善的金融基础设施、创新的金融产品和可行的金融服务渠道等（董昀，2013），而制度环境则是这些基础的重要保障。但现有的研究尚缺乏包容性金融发展的制度因素与作用的系统研究，同时缺少以中国为样本的实证检验。由此本章主要进一步探讨制度质量对包容性金融发展的影响，并以中国样本进行检验。本部分其他安排如下：第二部分是分析制度影响包容性金融发展的作用机理；第三部分从正式制度和非正式制度选取不同的指标，对综合制度质量进行测度，并对我国各地区的制度质量进行描述与分析；第四部分在构建回归模型的基础上，对检验方法、变量以及样本数据进行说明；第五部分采用我国省际面板数据对制度质量与包容性金融发展的关系进行检验，分别分析综合制度质量、正式制度质量和非正式制度质量对包容性金融发展的影响；最后为本部分的结论与政策启示。

4.2　作用机理分析

包容性金融发展问题是金融发展研究领域的重要构成，作为其理论基础的金融发展理论已经经历了金融结构论、金融抑制与深化论、内生金融中介论以及金融发展因素论的变迁。在金融发展因素论的框架下，大量的文献探讨了法律、经济开放、产权等正式制度环境对金融发展的影响。制度与金融的研究较早可以追溯到 LLSV（1997，1998）有关于法律和产权制度对金融发展的影响。他们认为法律制度和产权制度的差异是各国金融发展差异的重要原因。这一研究开启了以制度因素解释金融发展差异的研究。法律制度对金融发展差异的解释得到了很多学者研究，例如，相关学者（Claessens & Laeven，2003；Beck et al.，2003；Roe，2008）从不同层次提供了“法律、投资者保护、法律实施”对金融发展影响的证据。我国学者卢峰和姚洋（2004）研究发现中国金融存在压抑现象，而提高法治水平能提高私营部门获取银行信贷的可能性，从而促进金融发展。皮天雷（2010）认为法治环境和政府行为这两种制度因素均会影响金融发展。很多学者拓展了“法与金融”的研究框架，研究了产权制度（De Soto，2000；Acemoglu & Johnson，2005；Andrianova et al.，2008；Mishkin，2009）、对外开放制度（Beck，2002；Rajan & Zingales，2003；Law，2009）、政治制度（Girma & Shortland，2008；Huang，2010，Roe & Siegel，2011）等对金融发展的作用。还有一部分研究从社会资本（Ostrom，2000；Guiso et. al.，2004）、社会道德和文化（Garretsen et. al.，2004）等非正式制度视角解释了地区金融发展存在差异的原因。认为制度不完善是金融发展滞后的重要原因。江春等（2009）、滑冬玲和肖强（2012）、Rachdi 和 Mensi（2012）、Mukherjee 和 Dutta（2013）、Marcelin 和 Mathur（2014）分析了多个制度变量所表示的综合指标对金融发展的影响，认为制度质量越高，金融发展水平越发达①。

在金融体系运行规则的前提下扩大对贫困群体金融服务覆盖面，这一包容性金融发展需要有效的产权保护、法律体制和金融监管等正式制度保障，同时也会受到文化、道德等非正式制度的制约。只有处于健全的制度环境，如产权保护、会计与信息披露、法律制度等，包容性金融发展才能发挥其减缓贫困、提高社会福利的作用。促进技术创新和降低交易成本，是制度保证金融合约执行、提高包容性金融发

① 相关文献综述参看 2.2 节。

展水平的重要途径，如图 4.1 所示。

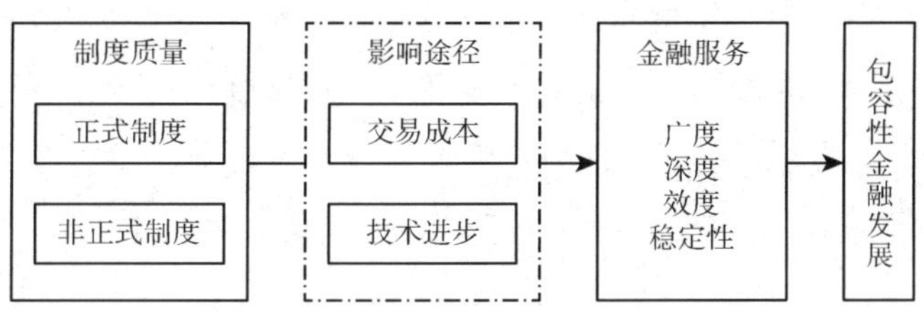

图 4.1　制度影响包容性金融发展的机理

首先，制度环境能促进金融服务机构技术创新，从而促进包容性金融发展水平的提高。包容性金融服务的提供与需求仍然是建立在金融合约基础上。此时，金融机构的服务能力，如放贷能力，取决于贷款人偿债能力。传统的规避风险的方法是在合约中会列明一些限制条款，并依赖于法治环境、信任、规范等正式和非正式制度而执行。而制度质量的提高，除了能直接约束借贷双方外，还能促进金融机构的技术创新。良好的制度能提高投资者保护，降低创新过程的不确定，从而促进金融新产品、新技术的开发和应用，大大提高金融服务的广度、效度等。例如，ATM 网点向农村地区、社区的覆盖、网络金融服务产品的提供等。可以说，当制度质量水平较高时，金融机构创新产品的可能较大，包容性金融发展水平也就可能随之提高。

其次，良好的制度能降低因寻租腐败等而产生的交易成本，从而缓解资源配置的低效率问题。在金融合约执行过程中，由于监管成本较高，导致监管不充分，从而使金融机构可能面临使用者违约的风险。良好的法律制度与投资者保护等正式制度的提高，能有效地降低监管成本，从而能规避这一风险。另外，信任、规范等非正式制度能有效补充正式制度的约束效应。例如，当非正式制度质量较高时，能较好地提高贷款人与借款人之间的信任程度，金融服务的效度和稳定性得到提供，包容性金融发展水平得到改善。

综上所述，良好的制度环境，能有效地降低金融机构提供服务的风险、并提高效率，以提供金融服务提供的广度、深度、效度和稳定性，从而提高包容性金融发展水平。制度必然会影响包容性金融发展水平，但由于作用途径的差异以及正式制度和非正式制度的差异，制度对包容性金融发展的影响可能是非线性。鉴于制度本身的复杂性，本部分拟对制度质量进行综合测度，并进一步分析制度质量对包容性金融发展影响。

4.3 制度质量的测度与分析

4.3.1 指标的选取与计算方法

4.3.1.1 相关文献回顾

根据 1.2.4 小节的定义，制度既包括正式的约束如宪法、法律和产权等，也包括非正式的约束如风俗习惯、传统、行为准则等。但是如何准确测度制度质量？这一量化问题通常与研究者的定义有关，且至今还没有得到普遍的认可。

较早的如 Knack 和 Keefer（1995）认为制度环境主要体现在国家治理水平上，可以对腐败、法律规则、官僚品质、政府公信度、产权保护进行测度，这一研究得到了 Demetriades 和 Law（2004）的应用。Easterly 和 Levine（1997）将 Knack 和 Keefer（1995）的 5 个指标转换为一个 1 ~ 10 的系数，用以测度制度环境，该数值越大，制度环境越好。Baltagi 等(2009) 进行了拓展研究，用这 5 个指数的和值测算制度环境。Kaufman 等(2009) 再次审视了制度环境的测量维度，他们从言论自由和问责制、政治稳定性、政府有效性、管制质量、法律条款、控制腐败 6 个维度构建制度环境评价指标（见表 4.1），且指标的取值范围为［ −2.5，2.5］，其数值越大，制度环境越好。这一指标曾被欧洲复兴开发银行和国际货币基金组织引用，认可度较高。

Kunčič (2014) 从法律制度、政治制度和经济制度三个维度测度了制度质量 (见表 4.2)。还有很多学者采用单指标的方式对制度质量进行了测量，相关研究参见第 2 章表 2.2。

表 4.1　　Kaufmann 等(2009) 的制度质量指标

一级指标	定　义
言论自由和问责制	一国居民参与政府选举、自由言论、集会和媒体的程度
政治稳定	对政府因反宪法或暴力方式，包括国内暴力和恐怖主义，导致不稳定的感知
政府效率	公共服务、民事服务的质量、政策制定与执行质量以及政府的政策承诺
管制质量	政府实施良好的政策、允许和促进私营部门发展的能力
法律条款	合同、政策、法律等的执行质量以及相关部门遵守社会规则的程度
控制腐败	公众对控制各类腐败的感知程度

资料来源：Kaufmann D, Kraay A, Mastruzzi M. Governance Matters VIII Aggregate and Individual Governance Indicators. World Bank Policy Research Working Paper No 4978, 2009.

表 4.2　　Kunčič (2014) 对制度质量的测度变量

指标维度	相关指标
法律制度	产权、法律环境、公民自由、司法独立、法庭公正、法源等指标的平均值
政治制度	政治环境、政治权、民主问责、腐败、廉政程度、内部矛盾、恐怖规模等的指标的平均值
经济制度	融资与经营自由、规制质量、传播自由、借贷市场管制、劳动力市场管制、外国投资限制、资本管制等指标的平均值

资料来源：Kunčič A. 2014. "Institutional Quality Dataset." *Journal of Institutional Economics*, 10 (1): 135 – 161. http://dx.doi.org/10.1017/S1744137413000192.

我国学者对制度的测度主要分成两类：一类是根据已有的研究选择相应的指标对制度质量进行测度。例如，黄俊和张天舒 (2010) 以产权保护、市场发展、财政赤字和地方保护主义四个指数测度制度环境。鲁晓东和连玉君 (2011) 用基础设施 (地区人均公路里程)、实际外资存量、改革 (非国有工业增加值/总工业增加值)、政府支出 (财政总支出/GDP) 作为制度的代理变量。部分学者在实证研究中采用了综合指标的方式，如张天舒（2013）以知识产权保护、寻租、地方保护主义、非国有经济作为制度环境的维度，并采用主成分分析法构造了综合指标用以衡量制度。

另一类是用樊纲等（2011）的市场化指数对制度进行测度。樊纲等（2011）的市场化指数（见表4.3）经常被用于制度环境的代理变量①，并应用于宏观、微观领域的研究。微观领域如丁烈云和刘荣英（2008）用“要素市场的发育程度”度量制度环境，分析其与股权和高管变更的关系。韩亮和徐业坤（2010）、李维安和徐业坤（2012）等以“市场化中介组织的发育和法律制度环境”测度法律制度环境；程仲鸣等（2008）、张洪辉和王宗军（2010）等以“减少政府对企业的干预”测度政府干预程度；刘凤委等（2007）、肖作平（2010）以“政府与市场关系”测度政府干预程度②，并分析制度环境对微观企业的影响。

表4.3　　樊纲等（2011）的市场化指数构成③

指标	指标构成	计算方法	属性
政府与市场的关系	市场分配资源的比重	（政府预算内财政支出+政府预算外财政支出）/GDP	负向
	减轻农民的税费负担	农户税费上缴/农户家庭纯收入平均值*	负向
	减少政府对企业的干预	企业主要管理者花在与政府部门和人员打交道的时间/其工作时间*	负向
	减轻企业的税外负担	企业负担的收费、摊派等/销售收入*	负向
	缩小政府规模	以国家机关、政党机关和社会团体年底职工人数/总人口	负向

① 一般来说，市场化程度较高的地区，制度质量也较高。

② 制度环境与企业的相关研究还有很多文献，主要集中在法律环境、政府干预等的影响研究，还有部分文献将之称为外部治理环境。

③ 所用的5个一级指标中，前三类指标能够反映经济层面的制度因素，后两类指标则能反映法律层面的因素，因此，很多学者在分析制度与经济、金融关系时，用这一市场化指数作为制度因素的代理变量。

续表

<table>
<tr><th>指标</th><th colspan="2">指标构成</th><th>计算方法</th><th>属性</th></tr>
<tr><td rowspan="3">非国有经济的发展</td><td colspan="2">非国有经济在工业企业产品销售收入中所占比例</td><td>非国有企业主营业务收入/规上工业企业主营业务收入</td><td>正向</td></tr>
<tr><td colspan="2">非国有经济在全社会固定资产总投资中所占比例</td><td>非国有企业固定资产投资/总投资</td><td>正向</td></tr>
<tr><td colspan="2">非国有经济就业人数占城镇总就业人数的比例</td><td>非国有企业就业人数/城镇总就业人数</td><td>正向</td></tr>
<tr><td rowspan="4">产品市场的发育程度</td><td colspan="2" rowspan="3">价格由市场决定的程度</td><td>社会零售商品中价格由市场决定的部分所占比重</td><td>正向</td></tr>
<tr><td>生产资料中价格由市场决定的部分所占比重</td><td>正向</td></tr>
<tr><td>农产品中价格由市场决定的部分所占比重</td><td>正向</td></tr>
<tr><td colspan="2">减少商品市场上的地方保护</td><td>样本企业在全国各省区销售产品时遇到的贸易保护措施（陈述的件数）/GDP*</td><td>负向</td></tr>
<tr><td rowspan="5">要素市场的发育程度</td><td rowspan="2">金融业的市场化</td><td>金融业的竞争</td><td>非国有金融机构吸收存款/全部金融机构吸收存款</td><td>正向</td></tr>
<tr><td>信贷资金分配的市场化</td><td>金融机构非国有贷款比重</td><td>正向</td></tr>
<tr><td colspan="2">引进外资的程度</td><td>各地外商及港澳台商投资/GDP</td><td>正向</td></tr>
<tr><td colspan="2">劳动力流动性</td><td>外来农村劳动力数/城镇从业人员数</td><td>正向</td></tr>
<tr><td colspan="2">技术成果市场化</td><td>技术市场成交额/科技人员数</td><td>正向</td></tr>
<tr><td rowspan="6">市场中介组织的发育和法律制度环境</td><td colspan="2" rowspan="2">市场中介组织的发育</td><td>律师人数/总人口</td><td>正向</td></tr>
<tr><td>会计师人数/总人口</td><td>正向</td></tr>
<tr><td colspan="2">对生产者合法权益的保护</td><td>样本企业对所在地区有关“保护企业合法经营活动”的法制环境进行的评价*</td><td>正向</td></tr>
<tr><td colspan="2" rowspan="2">知识产权保护</td><td>三种专利申请受理量/科技人员数</td><td>正向</td></tr>
<tr><td>三种专利申请批准量/科技人员数</td><td>正向</td></tr>
<tr><td colspan="2">消费者权益保护</td><td>消费者协会收到的消费者投诉案件数/GDP</td><td>负向</td></tr>
</table>

注：*表示为抽样调查数据。

资料来源：樊纲，王晓鲁，朱恒鹏．中国市场化指数［M］．北京：经济科学出版社，2011，12，pp. 252－258.

在宏观领域，代表性的研究如郑志刚和邓贺雯（2010）等采用市场化指数中的“市场化中介组织的发育和法律制度环境”度量法律制度环境[①]，分析其对区域金融发展的影响。邓路等（2014）采用了市场化指数作为制度环境的代理变量，同时选取了非国有经济发展、法律制度环境、金融市场发达程度三个分指标进行测度，并分析其对区域经济增长的影响。例如，陈志勇和陈思霞（2014）“市场化中介组织的发育和法律制度环境”测度制度环境，分析其对政府预算和政府投资的影响。姚耀军（2016）采用腐败[②]度量制度质量，具体指标以中国地区司法公正与效率指数和政府廉洁指数（王小鲁等，2013[③]）测度，并分析其对外资银行进入的影响。

这些研究为本书提供了重要的参考，但这些文献大部分是正式制度环境的研究，在制度环境变量构成分析中，较少考虑到非制度环境的维度。另外，国外的研究虽然有代表性，但部分测算指标（如法源）的选取不符合中国的实际情况，同时并没有对我国各地区的制度质量进行评价。从相关资料看，樊纲等（2011）的市场化指数在当前的研究中应用较多，但仍然是正式制度的度量。同时，这一指数所包含的5个指标可能属于同一因子，区分效度较差（宋渊洋和刘勰，2015）。

4.3.1.2 指标确定

依据制度的经典定义，将制度分为正式制度和非正式制度，并选取相应的指标对正式制度质量、非正式制度质量以及综合制度质量进

① 这一指标又由若干指标构成（见表4.3），因此在合成指标时，采用了主成分分析法和算术平均法两种方法。

② 尽管我国很多学者，如周黎安和陶婧等（2009）等，更多是选择腐败金额数或者立案数测度腐败。但作者认为此类指标容易受公检法执法效率影响。

③ 王小鲁等（2013）的报告是基于企业负责人主观评价的指数体系，与国际的腐败认知体系较为接近。但数据仅提供了2006年、2008年、2010年和2012年数据。

行测度。基于已有的研究，遵循科学性、全面与重点相结合、可比与可操作相结合、力求精确的原则，同时考虑我国实际，选取产权保护与法律保护、政府治理、经济制度三个一级指标测度正式制度，用规范和信任测度非正式制度。各二级指标构成一级属性如表 4.4 所示。

表 4.4　　　　　　　　制度质量的测度指标

分类	一级指标	二级指标	定　　义	属性
正式制度	产权与法律保护	产权保护	专利申请批准量/科技人员数	正
		法律环境	律师人数/总人口	正
	政府治理	政府干预	财政支出/GDP	负
		政府效率	行政管理费/GDP	负
	经济制度	非国有经济	非国有工业总产值/工业总产值	正
		地方保护	企业销售遇到的保护措施（陈述的件数）/GDP	负
		税收制度	地方税收收入/GDP	正
非正式制度	规范与信任	社会信任	互联网（宽带）和电话使用频率的平均值	正
		社会规范	人均民间组织机构数	正

（1）正式制度的测度指标。

维度 1：产权保护与法律保护

产权保护与法律是制度的基本测量指标。20 世纪 90 年代，La Porta 等（1998）开创了“金融与法”的交叉研究，分析了法律制度（法源）对金融发展的显著的影响。La Porta 等（1999，2000，2002，2003）、Laeven 和 Majnoni（2003）等均作了相关研究，证明了法律完善程度与金融发展的正相关关系。这里参考樊纲等（2011）和陈志刚（2013）的研究，采用产权保护和法律环境两个指标测度，其中，产权保护以专利申请批准量/R&D 人员数量计算，法律环境用执业律师人数/地区总人口数计算。这两个指标均为正向指标。

维度 2：政府治理

政府治理水平是一国政治制度的重要体现。政府治理水平越高，制度质量越高。这里采用政府干预和政府效率两个指标测度。在经济活动中，政府经常被称为“掠夺之手”（Shleifer，1997；Shleifer & Vishny，1998），尤其是在经济转型国家尤为明显（Johnson et al.，2000；Hellman & Kaufmann，2003）。由于市场机制尚未健全，政府在资金融通和分配过程中占有绝对的支配地位（史恩义，2009），而政府官员出于政绩或争夺资源等考虑，往往会利用税收、补贴等财政手段频繁干预企业决策①。由此，设置政府干预指标用以测度政府治理水平，并以政府财政支出/GDP计算。数值越大，说明财政手段被应用的越频繁，对市场干预程度越大，所测度制度质量越低。这是负向指标。

政府效率能反映地方政府提供服务时的成本与收益关系。由于我国各地区的地方发展政策存在差异，因此，地方的行政效率也不尽相同，这里参考以行政管理费用支出/GDP计算，该值越小说明政府效率越高。该指标为负向指标。

这里值得说明的是，政府廉洁应是比较重要的测度指标。政府廉洁经常以腐败进行负向测度，例如，以《中国政府治理、投资环境与和谐社会》中地区企业吃喝玩乐开支/销售收入指标计算，但这一数据缺少时间序列数据，如将其加入将会导致时间序列数据的偏差；此外《中国分省企业经营环境指数 2013 年报告》中政府廉洁指标也可以测量政府廉洁程度，但该数据报告了 2006 年、2008 年、2010 年和 2012 年数据，且缺少部分地区的数据，难以用于各年地区数据的比较。考虑数据可获性与可比性的原则，不将这一指标加入进来。

维度 3：经济制度

这里经济制度主要是指企业经营相关的指标。首先，非国有经济

① 在我国，适度的政府干预往往能提高办事效率、降低交易成本（罗党论和唐清泉，2009），此时政府干预又会被描述为“帮助之手”。政府干预的“帮助”或“掠夺”的不确定会导致寻租行为的出现。

的活跃程度能反映经济的活跃程度。这里以非国有工业总产值/工业总产值这一正向指标测度。该指标值越大，说明非国有企业受到干预的程度越小，市场化水平越高。

其次是地方保护程度。这里采用樊纲（2011）市场化报告中的“企业销售时遇到的保护措施（陈述的件数)/GDP”这一指标进行测度。用以说明企业经营时的障碍。

最后是税收制度。尽管过重的税负是企业的首要障碍①，但税收是地方收入的重要来源之一，并且地方税收会直接影响地方的经济。因此，在衡量制度质量时，以其衡量税收环境。具体以地方税的收入占 GDP 比重计算。

（2）非正式制度的测度指标。

根据 North（1991）的定义，如风俗习惯、传统、行为准则等即非正式的约束。而在金融与经济发展中，这类非正式约束集中体现在了社会规范、道德和文化等方面。在实证测度中，认知与规范难以区分，而文化与认知又有重叠，部分研究将两者合并为一个维度或者以文化进行度量（Bae & Salomon，2010）。这使非正式制度出现了较为重要的变量——文化，一般来说，文化的相同或相近，能显著地提高彼此间的信任，如老乡等。Stulz 和 Williamson（2003）以宗教和语言②作为文化变量，分析了文化习俗对不同国家投资者保护权利的影响，发现一国的宗教信仰以及语言习惯对债权人权利的法律保护以及法律的执行效率有着显著的影响，从而与金融发展有着密切的联系。但是，对于我国来讲，无论是宗教还是语言都很难以获取省级数据。

---

① 王小鲁等（2013）的各省经营环境报告中显示 30.3% 的企业负责人将其列为首先障碍，并认为原因可能在于税务机关为完成任务而征收过头税有关。税务人员徇私舞弊而导致税负畸轻畸重也可能是原因之一。

② Weber（1930）认为宗教是资本主义增长的主要决定因素，而相同的语言便于信仰的交流和传播。

社会资本体现出了非正式制度的特征，Putnam（1993）认为能通过合作行动提高社会效率的规范、信任和社会网络即社会资本。Grootaerl 和 Bastelaer（2002）认为社会资本可以促进个人和组织间的交往，以个体间的相互信任，组织形成的规范和社会网络，以防止机会主义行为产生，从而实现经济的发展。Ferrary（2003）、Hermes（2005）发现社会资本所建立的社会担保在审查贷款、监管、降低贷款风险等方面，都比传统的实体抵押担保要更有效率。Ahlin 和 Townsend（2007）研究发现在泰国借贷者的自我选择和甄别中存在类似的效果。Rathore（2015）研究发现社会资本在信息识别和小贷执行的作用不同，与监管压力相比，信任对还款效率的影响更为显著。故本书用社会资本测度非正式制度。

从相关研究看，社会资本通常可以通过认知型社会资本和结构型社会资本的相互作用影响经济发展（Krishna & Uphoff，2001）。认知型的社会资本较为主观（杨宇和沈坤荣，2010），表现出了规范和信任（Knack & Keefer，1997；Putnam，2000）的特征。而结构型社会资本则相对客观，常常规范人们的集体行动（Woolcock & Narayan，2000；Sobel，2000），并能在一定程度上弥补市场失灵。在实证中，较为具有代表性的研究，例如，Guiso 等（2001，2004）以公投投票率和信任（血液捐献）度量社会资本，首次分析了社会资本对金融发展的影响，认为信社会资本与金融发展存在显著的正相关关系。Hong，Kubik 和 Stein（2004）以社会互动测度的社会资本对股票市场的影响，认为社会资本较高的地区，其股票市场的参与程度越高。Turvey 和 Kong（2010）采用微观调研数据分析了以信任度量的社会资本与农村非正规金融发展的关系，发现两者成正比关系。Brown 和 Taylor（2010）、Georgarakos 和 Pasini（2011）实证分析了信任和社交所度量的社会资本与股市参与率之间的关系，认为社会资本是股票市场发展差异的原因。我国学者皮天雷（2010）以信任数据[①]测度社会资本，分析其与法治和金融发展的关系。

基于上述研究，本书结合已有的研究和数据的可获性，以信任和规范所测度社会资本对非正式制度进行度量。首先来看规范这一指标，通常在同一个组织内的成员会遵守相同规范与规则，也更容易信任彼此。计算方法为：民间组织数量/万人。

另外，在我国信任往往是基于亲戚和血液关系形成的信任关系。作为非正式制度的另一个指标，信任参照严成樑（2012）的方法，以互联网（宽带）和电话使用频率测度。其中互联网（宽带）使用频率以互联网和宽带接入总数/地区总人口计算，电话使用频率以固定电话和移动电话使用数量/地区总人口计算，两个指标取平均值用于非正式制度中信任的测度。与公民参与权测度的方法相比，这两种方法更能反映中国的现状。同时，这一方法在计算数据上也较为容易获取。

4.3.2　制度质量的计算

4.3.2.1　计算方法

在计算制度质量时，参考 Sarma（2008）的方法将指标值转化为 0~1 之间的数值，以便于横向和纵向的比较。具体方法为如下：

首先，根据式（4.1）和式（4.2）将各正向指标、负向指标进行无量纲化处理。其中，X、m、M 分别为各指标实际值、最小值和最大值。d 为无量纲处理后的指标值。

$$d_i = \frac{X_i - m_i}{M_i - m_i},\quad m_i \leqslant X_i \leqslant M_i \tag{4.1}$$

① 信任数据来源于张维迎和柯荣住（2002）的调查以及中国输血协会。

$$d_i' = \frac{M_i - X_i}{M_i - m_i}, \quad m_i \leqslant X_i \leqslant M_i \tag{4.2}$$

然后根据式（4.3）计算正式制度质量（包括各指标）、非正式制度质量以及综合制度质量。

$$ins = 1 - \frac{\sqrt{\sum_{i=1}^{n}(1 - d_i)^2}}{\sqrt{n}} \tag{4.3}$$

ins 数值越接近 1，说明制度质量越高；越接近 0，说明制度质量越低。当 $0 \leqslant ins \leqslant 0.3$，说明制度质量较低；当 $0.3 < ins \leqslant 0.6$，制度质量中等；当 $0.6 < ins \leqslant 1$，制度质量较高。

4.3.2.2 样本与数据来源

样本不包括香港、澳门和台湾。样本共 31 个省级行政单位。本部分所使用的原始数据分别来源于 2007～2016 年的中国统计年鉴、各省统计年鉴、中国科技统计年鉴、中国工业统计年鉴、中国律师年鉴和各地区律师协会网站。

地方保护指标数据来源于经中国市场化指数报告（2011）以及中国分省分市场化指数报告（2016），其中 2011 年报告仅给出 2009 年之前的数据，而 2016 年报告则给出了 2008 年之后的数据，由于两者的计算基期不同，为了保证可比性，将两部分数据合并后转化为以 2001 年为基期的数据。其他变量均进行了整理计算。

4.3.2.3 制度质量的计量

根据前述公式，2006～2015 年 31 个省区市的综合制度质量评分以及排名，分别如表 4.5 和表 4.6 所示。上海、北京、浙江等东部地区的制度质量较高，而甘肃、青海、西藏等西部地区的制度质量较低。综合制度质量基本呈现了东部地区高于中部地区，而中部地区高于西部地区的特点，各地制度质量存在明显的差异。

表 4. 5　　2006 ~ 2015 年各省区市综合制度质量评分

省份	2006	2007	2008	2009	2010	2011	2012	2013	2014	2015
北京	0. 6048	0. 6061	0. 6178	0. 6310	0. 6239	0. 6312	0. 6043	0. 6047	0. 5722	0. 5457
天津	0. 4617	0. 4616	0. 4646	0. 4727	0. 4905	0. 5152	0. 4721	0. 4628	0. 4499	0. 4300
河北	0. 3366	0. 3328	0. 3335	0. 3395	0. 3317	0. 2869	0. 3410	0. 3254	0. 3136	0. 3242
山西	0. 3626	0. 3454	0. 3541	0. 3619	0. 3665	0. 3945	0. 3887	0. 3910	0. 3746	0. 3377
内蒙古	0. 3410	0. 3472	0. 3420	0. 3689	0. 3848	0. 4051	0. 3910	0. 3871	0. 3536	0. 3550
辽宁	0. 4237	0. 4354	0. 4470	0. 4935	0. 5166	0. 5292	0. 5146	0. 5052	0. 4509	0. 3928
吉林	0. 3173	0. 3237	0. 3339	0. 3363	0. 3339	0. 3696	0. 3515	0. 3450	0. 3370	0. 3320
黑龙江	0. 2908	0. 2890	0. 3024	0. 3155	0. 3130	0. 3639	0. 3583	0. 3547	0. 3372	0. 3256
上海	0. 6733	0. 6920	0. 6892	0. 6880	0. 6868	0. 6884	0. 6645	0. 6602	0. 6418	0. 6175
江苏	0. 4834	0. 5041	0. 5155	0. 5341	0. 5571	0. 5780	0. 5747	0. 5793	0. 5619	0. 5396
浙江	0. 5672	0. 5757	0. 5870	0. 6013	0. 5960	0. 6054	0. 6088	0. 6152	0. 5971	0. 5482
安徽	0. 2897	0. 3043	0. 3077	0. 3461	0. 4117	0. 4217	0. 4099	0. 4136	0. 4043	0. 4057
福建	0. 4439	0. 4393	0. 4387	0. 4564	0. 4592	0. 4660	0. 4768	0. 4839	0. 4622	0. 4734
江西	0. 2952	0. 3029	0. 2990	0. 3146	0. 3205	0. 3526	0. 3443	0. 3516	0. 3767	0. 3775
山东	0. 4491	0. 4541	0. 4427	0. 4538	0. 4529	0. 4522	0. 4292	0. 4214	0. 4082	0. 4034
河南	0. 3141	0. 3211	0. 3188	0. 3097	0. 3104	0. 3305	0. 3103	0. 3206	0. 3304	0. 3328
湖北	0. 3476	0. 3537	0. 3605	0. 3688	0. 3734	0. 3977	0. 3906	0. 3771	0. 3682	0. 3682
湖南	0. 3353	0. 3281	0. 3257	0. 3337	0. 3423	0. 3642	0. 3433	0. 3442	0. 3457	0. 3443
广东	0. 5078	0. 5138	0. 5058	0. 5145	0. 5102	0. 5203	0. 4981	0. 5173	0. 5144	0. 5146
广西	0. 3220	0. 3193	0. 3063	0. 3119	0. 3166	0. 3364	0. 3415	0. 3641	0. 3855	0. 3870
海南	0. 4129	0. 4365	0. 4541	0. 4248	0. 4369	0. 4650	0. 4565	0. 4737	0. 4616	0. 4585
重庆	0. 3068	0. 3100	0. 3185	0. 3522	0. 3923	0. 4269	0. 4198	0. 4203	0. 4142	0. 4129
四川	0. 3557	0. 3656	0. 3677	0. 4072	0. 4335	0. 4532	0. 4422	0. 4564	0. 4483	0. 4438
贵州	0. 2991	0. 2996	0. 2987	0. 3119	0. 3192	0. 3880	0. 3584	0. 3761	0. 3914	0. 3665
云南	0. 3282	0. 3200	0. 3300	0. 3374	0. 3496	0. 3636	0. 3572	0. 3705	0. 3635	0. 3322
西藏	0. 1127	0. 1351	0. 1845	0. 1324	0. 1270	0. 1512	0. 1447	0. 1454	0. 1661	0. 1478
陕西	0. 3000	0. 3117	0. 3277	0. 3633	0. 3885	0. 4406	0. 4184	0. 4216	0. 3985	0. 4091

续表

省份	2006	2007	2008	2009	2010	2011	2012	2013	2014	2015
甘肃	0.2665	0.2515	0.2698	0.2737	0.2839	0.3009	0.2972	0.3154	0.3028	0.3140
青海	0.2789	0.2867	0.3060	0.3138	0.3217	0.3443	0.3527	0.3463	0.3240	0.3377
宁夏	0.4041	0.4011	0.4028	0.3962	0.3858	0.4035	0.4106	0.4427	0.4306	0.4167
新疆	0.3344	0.3337	0.3396	0.3438	0.3504	0.3741	0.3852	0.4047	0.3982	0.3814

表 4.6　　2006～2015 年各省区市综合制度质量排序

省份	2006	2007	2008	2009	2010	2011	2012	2013	2014	2015
北京	2	2	2	2	2	2	3	3	3	3
天津	6	6	6	7	7	7	8	9	9	9
河北	16	17	18	20	23	30	28	28	29	29
山西	12	15	14	16	18	18	18	17	20	24
内蒙古	15	14	15	13	16	15	16	18	23	21
辽宁	9	10	8	6	5	5	5	6	8	15
吉林	21	19	17	22	22	21	24	26	26	27
黑龙江	27	28	27	24	28	23	21	23	25	28
上海	1	1	1	1	1	1	1	1	1	1
江苏	5	5	4	4	4	4	4	4	4	4
浙江	3	3	3	3	3	3	2	2	2	2
安徽	28	25	24	18	12	14	15	15	14	13
福建	8	8	10	8	8	8	7	7	6	6
江西	26	26	28	25	25	25	25	24	19	18
山东	7	7	9	9	9	11	11	13	13	14
河南	22	20	22	29	29	28	29	29	27	25
湖北	14	13	13	14	17	17	17	19	21	19
湖南	17	18	21	23	21	22	26	27	24	22
广东	4	4	5	5	6	6	6	5	5	5
广西	20	22	25	27	27	27	27	22	18	16
海南	10	9	7	10	10	9	9	8	7	7
重庆	23	24	23	17	13	13	12	14	12	11

续表

省份	2006	2007	2008	2009	2010	2011	2012	2013	2014	2015
四川	13	12	12	11	11	10	10	10	10	8
贵州	25	27	29	28	26	19	20	20	17	20
云南	19	21	19	21	20	24	22	21	22	26
西藏	31	31	31	31	31	31	31	31	31	31
陕西	24	23	20	15	14	12	13	12	15	12
甘肃	30	30	30	30	30	29	30	30	30	30
青海	29	29	26	26	24	26	23	25	28	23
宁夏	11	11	11	12	15	16	14	11	11	10
新疆	18	16	16	19	19	20	19	16	16	17

进一步比较东部、中部、西部地区的正式制度质量、非正式制度质量和综合制度质量，如表4.7所示。在正式制度质量中，东部地区最低是河北（0.387）、中部地区最低的黑龙江为0.309、西部地区的西藏为0.220；在非正式制度质量中，东部最低的河北为0.116、中部河南为0.083、西部的西藏为0.001；在综合制度质量中，东部最低的河北为0.314、中部河南为0.289、西部的西藏为0.113。再次体现了制度质量东部地区高于中部地区，而中部地区高于西部地区的特点。

表4.7　　　　东部、中部、西部地区的制度质量

区域	正式制度质量	非正式制度质量	综合制度质量
东部	最高0.745（上海、2007） 最低0.387（河北、2010）	最高0.770（浙江、2013） 最低0.116（河北、2014）	最高0.692（上海、2007）最低0.314（河北、2014）
中部	最高0.527（安徽、2010） 最低0.309（黑龙江、2007）	最高0.342（吉林、2011） 最低0.083（河南、2010）	最高0.422（安徽、2011）最低0.289（黑龙江、2007）
西部	最高0.627（重庆、2011） 最低0.220（西藏、2006）	最高0.467（宁夏、2011） 最低0.001（西藏、2015）	最高0.456（四川、2013）最低0.113（西藏、2006）

注：东部地区省区市包括北京、天津、河北、辽宁、上海、江苏、浙江、福建、山东、广东和海南；中部地区省区市包括山西、吉林、黑龙江、安徽、江西、河南、湖北和湖南；西部地区省区市包括重庆、四川、贵州、云南、西藏、陕西、甘肃、青海、宁夏、新疆、广西和内蒙古。

4.3.3 制度质量地区差异的分析

表4.8给出了综合制度质量、正式制度质量、非正式制度质量以及正式制度质量下各维度指标的描述性统计特征。从统计特征看，正式制度的各指标、非正式制度以及综合指数均存在较大差异，以综合制度（zins）为例，其最小值是0.2198，最大值是0.7453，差距较大。

表4.8 各制度变量的描述性统计

变量	最小值	p5	p25	p50	p75	p95	最大值	平均值	标准差
zins	0.2198	0.3041	0.3917	0.4344	0.5215	0.6269	0.7453	0.4535	0.0972
fins	0.1127	0.2839	0.3322	0.3769	0.4541	0.6088	0.6920	0.4000	0.1067
social	0.0005	0.0812	0.1709	0.2657	0.4055	0.5978	0.7701	0.2989	0.1657
law	0	0.0384	0.1080	0.1748	0.2818	0.4496	0.6481	0.2017	0.1305
gov	0.2837	0.2900	0.7420	0.8092	0.8635	0.9350	0.9988	0.7727	0.1549
busi	0.1215	0.2563	0.4143	0.4760	0.5722	0.7340	0.7975	0.4851	0.1314

注：样本为2006~2015年省级面板数据，样本量310。

进一步，2006~2015年我国31个省、自治区和直辖市（台湾地区、香港特别行政区和澳门特别行政区除外）的制度质量存在较为明显的地区差异。首先，从正式制度的各指标来看：2006~2015年全国法律制度平均值0.2017，最小值是0.0511（西藏、2012），说明西藏的法律制度质量较低；而最大值0.5132（北京、2014），说明北京的法律制度质量较高。经济制度全国平均值0.634，最小值0.074（西藏、2011）、最大值0.992（浙江、2007）。政府治理全国平均值0.773，最小值0.284（西藏，2008）、最大值（0.999）。从中可以看到，我国各地区的制度质量存在较大差异。

为能更为直观化制度质量的地区差异，这里将各年度数据分为高、中、低三个水平组，分组方法：将2006~2015年各省区市数据求年度平均值后，用三分位数法分组①。分组情况如表 4.9 所示。从分组情况看，正式制度、非正式制度较高的地区，其综合制度质量也较高，但中等水平组和较低水平组的构成省区市变化较大。部分地区正式制度质量较高但非正式制度质量较低，导致了综合制度质量的变化。例如，吉林地区正式制度分组到较低水平组，而非正式制度质量则分组到中等水平组，综合制度质量仍处于较低水平组。

表 4.9　　　　我国制度质量的地区差异

分类	较高水平组	中等水平组	较低水平组
正式制度质量	上海、北京、浙江、天津、江苏、重庆、广东、海南、四川、辽宁、安徽、山东、福建*	贵州、江西、云南、湖南、湖北、山西、宁夏、广西、陕西	河南、内蒙古、河北、新疆、吉林、黑龙江、青海、甘肃、西藏
非正式制度质量	浙江、上海、北京、江苏、福建、辽宁、宁夏、广东、天津、山东	青海、新疆、内蒙古、陕西、海南、吉林、重庆、湖北、甘肃、山西、四川	黑龙江、广西、河北、安徽、云南、湖南、江西、河南、贵州、西藏
综合制度质量	上海、北京、浙江、江苏、广东、辽宁、天津、福建、海南、山东	四川、宁夏、陕西、重庆、安徽、湖北、山西、内蒙古、新疆、云南、贵州、湖南	广西、吉林、江西、河北、黑龙江、青海、河南、甘肃、西藏

注：* 福建与贵州的正式制度评分均为 0.460，但福建为东部地区省份，因此，这里将其划入较高水平组。

进一步绘制各制度质量的地区分布图，如图 4.1 – 4.3 所示，正式制度质量、非正式制度质量和综合制度质量从高到低排列。从图 4.1 – 4.3 可以看出，制度质量的地区分布特点基本呈现了东部沿海地区高于中部地区，而中部地区高于西部地区的特点。同时，存在个体差异，例如宁夏地区表现出了较高的制度质量，而吉林、黑龙江的制度质质量较低。也就是说，虽然整体来看，我国各地区的制度质量呈现了东部地区高于中西部地区的特点，但是由于地区政策、自然资

① 由于正式制度质量、非正式制度质量和综合制度质量数据差距较大，且仅有不足 5 个地区的制度质量评价高于 0.5，因此，为了便于分析，在根据三分位数分组的基础上，对处于边界的省份进行了微调，具体见表 4.9 所示。

源以及制度执行情况的差异，存在个体差异。而这一差异性正为本部分探讨包容性发展的地区差异提供了制度分析的基础。

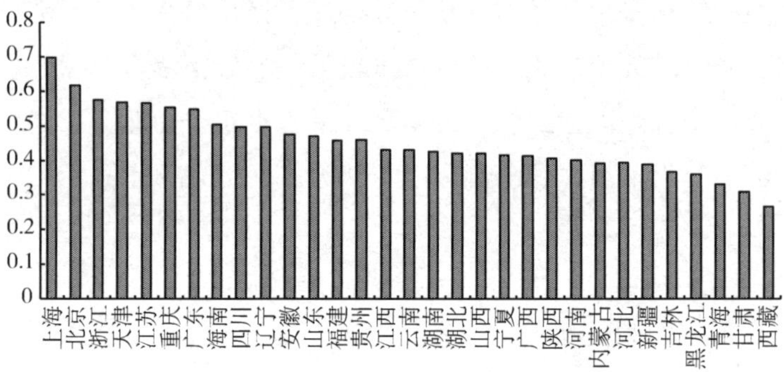

图 4.1　正式制度质量的地区差异

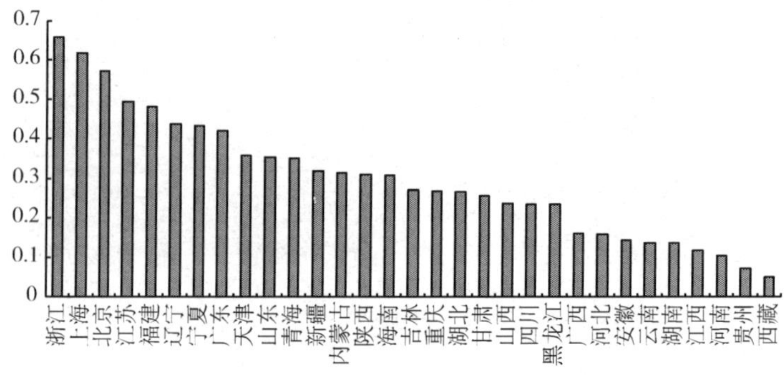

图 4.2　非正式制度质量的地区差异

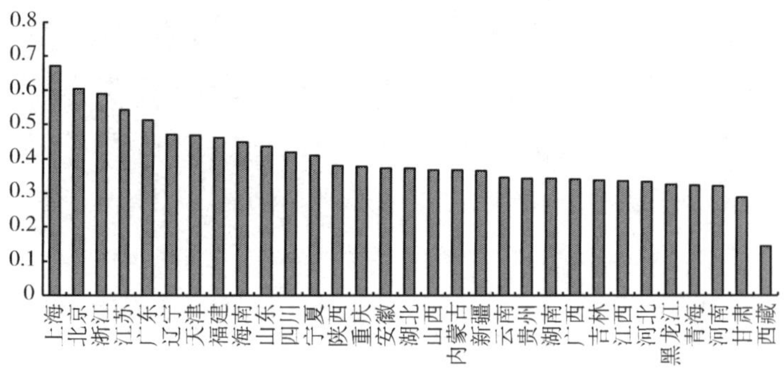

图 4.3　综合制度质量的地区差异

为进一步说明制度质量的地区差异，这里采用已有的成果，以樊纲等（2011）的市场化指数①测度正式制度质量，并绘制其地区分布图，分别如图4.4和图4.5所示。对比图4.4、4.5和图4.1，可以看出，尽管度量的方法和指标不完全相同，测量的结果也存在差异，但所测度的特点相同，即东部地区制度质量高于中西部地区制度质量。这也反映了我国改革开放的渐进式市场化的特点。

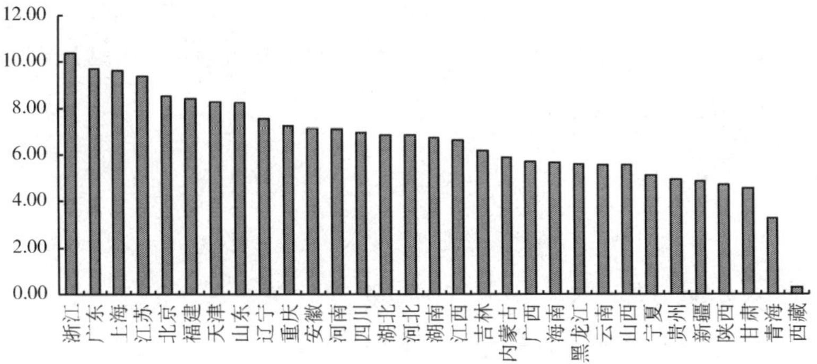

图4.4　2006年市场化指数地区差异

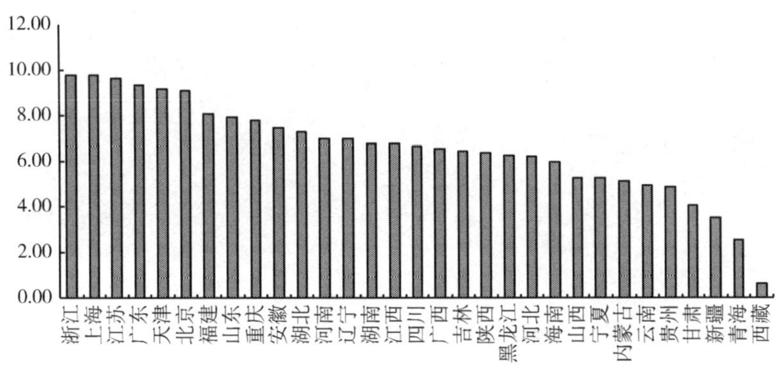

图4.5　2014年市场化指数地区差异

① 樊纲等（2011）仅公布至2009年市场化指数。王小鲁等（2017）采用同样的方法计算了2008～2014年的市场化指数。

4.4 模型构建与变量说明

4.4.1 模型构建

根据作用机理的分析，以及包容性金融发展影响因素的相关研究，本部分构建基本模型（4.4），用于分析制度质量对包容性金融发展的影响。

$$IFI = f(INS, RGP, INC, X) \tag{4.4}$$

其中，IFI、INS、RGP、INC 分别表示包容性金融发展、经济增长和收入分配差距，X 为影响贫困减缓的其他因素。

将式（4.4）两边取全微分，可得：

$$dIFI = \frac{\partial f}{\partial INS}dINS + \frac{\partial f}{\partial RGP}dRGP + \frac{\partial f}{\partial INC}dINC + \frac{\partial f}{\partial X}dX \tag{4.5}$$

分别以 α_1、α_2、α_3 和 γ 分别替换式（4.5）中的$\frac{\partial f}{\partial INS}$、$\frac{\partial f}{\partial RGP}$、$\frac{\partial f}{\partial INC}$和$\frac{\partial f}{\partial X}$，同时以 ifi，ins，rgp，inc 和 x 替换相对应的变量，将式（4.5）改写为式（4.6），并作为制度质量影响包容性金融发展分析的一般模型应用。

$$ifi_{i,t} = \alpha_0 + \alpha_1 \times ins_{i,t} + \alpha_2 \times rgp_{i,t} + \alpha_3 \times inc_{i,t} + \gamma \times x_{i,t} + \varepsilon_{i,t} \tag{4.6}$$

其中，i 表示省份，t 表示时期，α 为待估计系数。ε是误差项，服从通常的假设。

制度的稳定发展对包容性金融发展有着重要作用。为了促进制度质量的提高，通常，国家都会做出一些调整，而这些调整可能会导致制度发展的波动，从而影响包容性金融发展。为了分析这一效应，在式（4.6）中加入制度波动指标（vins），如下：

$$ifi_{i,t} = \alpha_0 + \alpha_1 \times ins_{i,t} + \lambda_1 \times evins_{i,t} + \alpha_2 \times rgp_{i,t} + \alpha_3 \times inc_{i,t} + \gamma \times X_{i,t} + \varepsilon_{i,t} \tag{4.7}$$

由于技术、交易成本等的限制，制度质量与包容性金融发展之间可能存在非线性关系。通常，制度改革对金融发展有着积极作用，但是也会受到经济发展水平的影响。为验证这一关系，这里假定制度质量很低时，其对包容性金融发展的影响是不确定的，并在式（4.6）中加入制度质量的平方项，回归模型改写为：

$$ifi_{i,t} = \alpha_0 + \alpha_1 \times ins_{i,t} + \beta_1 \times ins_{i,t}^2 + \alpha_2 \times rgp_{i,t} + \alpha_3 \times inc_{i,t} + \gamma \times X_{i,t} + \varepsilon_{i,t} \tag{4.8}$$

其中，当$\alpha_1 < 0$且$\beta_1 > 0$时，说明制度质量对包容性金融发展的影响是非线性的，呈现“U”型特征。

进一步，将模型（4.8）两侧对制度变量（ins）求偏导数，可得式：

$$\frac{\partial ifi_{i,t}}{\partial ins_{i,t}} = \alpha_1 + 2\beta_1 ins_{i,t} \tag{4.9}$$

借鉴 Law 和 Azman-Saini（2012）的研究，以式（4.9）的标准差估计制度质量增长对包容性金融发展影响的边际效应。

进一步令式（4.9）为0，则可得：

$$\alpha_1 + 2\beta_1 ins_{i,t} = 0 \tag{4.10}$$

求出门槛值：

$$ins_{i,t} = -\frac{\alpha_1}{2\beta_1} \tag{4.11}$$

也就是说，制度质量有利于包容性金融发展的门槛值是$-\frac{\alpha_1}{2\beta_1}$。

4.4.2 变量说明

(1) 包容性金融发展 (ifi)。采用第 3 章计算的包容性金融发展指数测度。

(2) 制度质量 (ins)。用 4.3 节计算的综合制度质量 (zins)、正式制度质量 (fins) 和非正式制度质量 (social) 分别作为制度质量的代理变量。

(3) 制度质量波动 (vins)。借鉴 Berggren, Bergh 和 Bjornskov (2009) 的方法, 使用制度质量变化率的残差来作为制度稳定性的代理指标。数值越大, 说明偏移量与均值之间差距越大, 制度的稳定性越差; 数值越小, 表明制度的稳定性越好。对应变量分别为综合制度质量波动 (evzins)、正式制度质量波动 (evfins) 和非正式制度质量波动 (evsocial)。具体根据第 3 章式 (3.13) 和式 (3.14) 计算。

(4) 经济增长指标 (rgp)。为保持研究的一致性, 这里仍采用第 3 章的方法, 以人均实际 GDP (以 1978 年 CPI 指数为 100 的定基数据去除我国人均名义 GDP) 计算。

(5) 收入差距 (inc)。城乡居民收入差距加大会导致银行更倾向于"去农化", 因此会导致农村和偏远地区的居民被金融排斥, 进而导致包容性金融发展水平下降。这里收入差距仍以泰尔指数计算, 计算公式为第 3 章式 (3.12)。

(6) 控制变量。在控制变量的选择方面, 这里主要参考 Levine (2005) 关于金融发展与经济增长关系的研究, 以及 Beck 等 (2008)、Cull 和 Effron (2008) 等关于金融发展决定因素的探讨, 将对外开放程度、交通密集度、产业结构以及宏观经济波动作为控制变量。

对外开放程度 (open)。很多学者认可了对外开放对金融发展的重要作用。例如，Mishkin（2009）认为全球化是促进发展中国制度改革的重要因素，而制度改革则能推进金融发展与经济增长。Law（2009）认为在发展中国家金融开放与贸易开放对金融发展有着积极的影响。Chinn 和 Ito（2006）、Gries 和 Meierrieksy（2010）、Law 和 Azman-Saini（2012）等验证了金融与贸易开放、制度质量与金融发展间的关系。Le 等(2016) 以亚洲和太平洋国家为样本验证了制度质量、贸易开放与金融部门发展的关系，认为好的治理与政府质量能促进发展中国家的金融发展，但经济增长和贸易开放是重要的决定因素。由此，本书以贸易开放度量对外开放，用以分析其对包容性金融发展的影响。依据国际常用的方法，贸易开放用对外进出口总额占 GDP 的比重来测度。

交通密集度（geo)。公路覆盖率是交通密集度的重要反映，能降低在偏远地区开设银行分支机构成本，在一定程度上影响了金融服务提供的可能性，因此将其作为控制变量之一，用以反映金融服务获得的可能性，有利于包容性金融发展水平的提高。以公路总数（km）/总面积（km^2）计算。

产业结构（ind)。用工业产值/GDP 测度产业结构，用于分析工业化发展对包容性金融发展的影响。通常，工业化水平越高，说明其融资状况越好，此时，对于金融服务需求并不高，因此对包容性金融发展可能产生不利影响。

宏观经济波动率（evdgp)。Boyed 等(2001) 认为宏观经济波动（通货膨胀）较大时将导致金融机构业绩的扭曲。宏观经济不稳定是金融发展的重要障碍因素之一。这里根据第 3 章式（3.13）和式（3.14）计算，用以反映宏观经济波动对包容性金融发展带来的影响。

相关变量定义及计算方法说明如表 4.10 所示。

表 4.10　　各变量定义与计算方法

变量符号	指标含义	变量计算
ifi	包容性金融发展	包容性金融发展指数
zins	综合制度质量	4.3 部分制度质量指数
fins	正式制度质量	4.3 部分正式制度质量指数
social	非正式制度质量	4.3 部分非正式制度质量指数
evzins	综合制度波动	综合制度变化率的残差
evfins	正式制度波动	实际制度变化率的残差
evsocial	非正式制度波动	非正式制度变化率的残差
rgp	经济增长	人均实际 GDP
inc	收入差距	泰尔指数
open	开放度	进出口贸易额/GDP
geo	交通密集度	公路里程（km）/总面积（km^2）
ind	产业结构	工业产值/GDP
evgdp	宏观经济波动	实际 GDP 变化率的残差

4.4.3　样本数据来源

由于西藏部分数据缺失较为严重，故将其剔除，同时样本中不包括香港、澳门和台湾。因此，本部分实证分析所用样本为 30 个省级行政单位。时间区间为 2006～2015 年。

为避免异方差以及数据变动幅度过大的影响，同时提高计量分析的稳健性，以上变量中除波动率、实际 GDP 的增长率、泰尔指数外均取自然对数。

所采用的数据分别来源于 2007～2016 年的中国统计年鉴、金融统计年鉴、各省统计年鉴。并进行整理计算。各样本变量的基本统计特征如表 4.11 所示。从表 4.11 来看，包容性金融发展、综合制度质量、非正式制度质量、正式制度质量以及相应制度波动量均存在显著差异，可以进一步分析制度对包容性金融发展的影响。

表 4.11　　样本变量基本统计特征

变量 \ 属性	观测值	平均值	标准差	最小值	最大值
ifi	300	2.120	0.692	1.184	4.336
zins	300	3.682	0.223	3.225	4.237
fins	300	3.808	0.196	3.304	4.311
social	300	3.262	0.599	1.321	4.344
rgp	300	5.715	0.585	4.035	6.967
open	300	5.240	0.984	3.576	7.452
evzins	240	-6.60e-11	0.058	-0.318	0.342
evfins	240	3.30e-11	0.054	-0.318	0.391
evsocial	240	6.20e-10	0.281	-0.813	2.829
evgdp	270	0.956	0.353	0.407	2.820
inc	300	-0.009	0.431	-2.819	0.281
geo	300	4.203	0.792	1.888	5.345
ind	300	4.822	0.312	3.902	5.459

4.5　模型的估计结果

4.5.1　内生性与研究方法

尽管本书根据相关的研究，从制度不同的层面进行质量的测度，但由于制度本身定义的多元化以及测度的困难，仍避免不了存在测量的误差，从而产生内生性问题。为避免制度内生的影响，这里采用工具变量方法，用两阶段最小二乘法进行回归。根据两阶段最小二乘法的原理，这里以制度变量的滞后项作为工具变量。由于每一个制度变量均只有一个工具变量，因此不存在过度识别问题。

两阶段最小二乘法的估计原理如下。考虑联立方程：

$$\begin{cases} y_{1t} = \pi_1 y_{2t} + \pi_2 x_{1t} + v_{1t} \\ y_{2t} = \beta_1 y_{1t} + \beta_2 x_{2t} + v_{2t} \end{cases} \tag{4.12}$$

其中，y 是内生变量，x 是外生变量。式（4.12）对应的简约型方程如下：

$$\begin{cases} y_{1t} = \alpha_1 x_{1t} + \alpha_2 x_{2t} + \mu_{1t} \\ y_{2t} = \varphi_1 x_{1t} + \varphi_2 x_{2t} + \mu_{2t} \end{cases} \tag{4.13}$$

此时，简约方程（4.13）可以用普通最小二乘法进行估计，得到拟合值，结果如下：

$$\begin{cases} y_{1t} = \hat{y}_{1t} + \varepsilon_{1t} \\ y_{2t} = \hat{y}_{2t} + \varepsilon_{2t} \end{cases} \tag{4.14}$$

其中，ε_{1t}和 ε_{2t}分别是 μ_{1t}和 μ_{2t}的 OLS 估计量。第二阶段估计，将式（4.14）代入式（4.12）中，得到：

$$\begin{cases} y_{1t} = \pi_1 \hat{y}_{2t} + \pi_2 x_{1t} + \hat{\varepsilon}_{1t} \\ y_{2t} = \beta_1 \hat{y}_{1t} + \beta_2 x_{2t} + \hat{\varepsilon}_{2t} \end{cases} \tag{4.15}$$

其中，$\hat{\varepsilon}_{1t} = \pi_1 \varepsilon_{2t} + v_{1t}$，$\hat{\varepsilon}_{2t} = \beta_1 \varepsilon_{1t} + v_{2t}$，均为方程的合成误差。模型（4.15）中每一个方程得出的参数估计值，为最小二乘估计量。由于合成误差存在零均值，且与拟合值（$\hat{y}_{it}$）和原值（y_{it}）不相关，保证了回归结果的有效性。

4.5.2 估计结果与讨论

采用两阶段最小二乘法的回归结果如表 4.12 所示。

列（1）~列(3）是综合制度质量对包容性金融发展影响的回归估计，列（4）~列(6）是正式制度质量对包容性金融发展影响的估计，列（7）~列(9）是非正式制度对包容性金融发展影响的估计。从回归参数看，所有模型均通过检验，并且具有较好的拟合度和置信度。

列（1)、列（4）和列（7）给出了模型（4.6）的估计结果。从估计结果看，综合制度质量、正式制度质量和非正式制度质量的提

表 4.12　　制度质量对包容性金融发展的影响

ifi	(1)	(2)	(3)	(4)	(5)	(6)	(7)	(8)	(9)
zins	0.583*** (0.204)	0.364*** (0.203)	-2.342*** (0.548)						
vzins		-0.061 (0.397)							
fins				0.462** (0.206)	0.385** (0.200)	-3.459*** (0.627)			
vfins					-0.099 (0.405)				
social							0.132** (0.064)	0.061 (0.076)	-0.099# (0.548)
vsocial								-0.033 (0.080)	
rgp	0.815*** (0.087)	0.840*** (0.091)	0.776*** (0.076)	0.890*** (0.078)	0.880*** (0.082)	0.778*** (0.064)	0.834*** (0.091)	0.889*** (0.104)	0.813*** (0.088)
inc	-0.342*** (0.125)	-0.333*** (0.124)	-0.234** (0.112)	-0.336*** (0.126)	-0.329*** (0.124)	-0.248** (0.103)	-0.328*** (0.126)	-0.316** (0.128)	-0.235** (0.123)
evgdp		-0.245*** (0.081)			-0.275*** (0.078)			-0.197** (0.098)	
open	0.128*** (0.039)	0.163*** (0.041)	0.083** (0.034)	0.154*** (0.037)	0.173*** (0.037)	0.088*** (0.030)	0.163*** (0.035)	0.188*** (0.040)	0.142*** (0.034)

续表

ifi	(1)	(2)	(3)	(4)	(5)	(6)	(7)	(8)	(9)
geo	0.198 *** (0.031)	0.184 *** (0.034)	0.188 *** (0.027)	0.166 *** (0.038)	0.151 *** (0.040)	0.205 *** (0.033)	0.255 *** (0.031)	0.221 *** (0.044)	0.221 *** (0.036)
ind	−0.509 *** (0.079)	−0.478 *** (0.083)	−0.431 *** (0.070)	−0.503 *** (0.081)	−0.462 *** (0.085)	−0.434 *** (0.066)	−0.546 *** (0.079)	−0.517 *** (0.088)	−0.512 *** (0.076)
$zins^2$			7.851 *** (1.248)						
$fins^2$						9.300 *** (1.296)			
$social^2$									1.566 *** (0.352)
Marginal effect (mean)			3.689 *** (0.548)			3.811 *** (0.627)			3.284 (0.087)
Constant	−3.279 *** (0.558)	−2.807 *** (0.587)	6.158 *** (1.687)	−3.342 *** (0.677)	−3.116 *** (0.684)	9.943 *** (2.087)	−1.934 *** (0.363)	−2.150 *** (0.433)	−1.140 *** (0.90)
Obs.	270	240	270	270	240	270	270	210	270
Num. of prov.	30	30	30	30	30	30	30	30	30
R^2	0.794	0.802	0.841	0.792	0.802	0.861	0.791	0.797	0.806
Prob	0.000	0.000	0.000	0.000	0.000	0.000	0.000	0.000	0.000

注：括号内为各统计量的标准差；***、** 和 * 分别表示 1%、5% 和 10% 的水平下显著；#表示 25% 的显著水平；回归方程中包含时间哑变量。

高能显著提高包容性金融发展水平。列（2）、列（5）和列（8）给出了模型（4.7）增加制度质量波动变量后的估计结果，从估计结果可知，制度质量波动不利于包容性金融发展的影响。分别对比列（1）和列（2）、列（4）和列（5）、列（7）和列（8）的结果，加入制度质量波动变量后，制度质量的影响程度均有所下降，也就是说，制度质量波动能抵消制度质量对包容性金融发展的积极影响。

列（3）、列（6）和列（9）分别给出了模型（4.8）的估计结果。从检验结果看，制度质量对包容性金融发展的影响是非线性的，存在“U”形曲线特征。也就是说，由于多种因素的影响，正式制度、非正式制度和综合制度质量的提高，对包容性金融发展的影响存在拐点，可能会因供给滞后等影响，制度质量越过拐点后，才能有效地发挥其对包容性金融发展的促进作用。根据式（4.11）计算各边界值分别为0.149、0.186 和0.032。也就是说，当综合制度质量、正式制度质量、非正式制度质量达到这一拐点值时，制度质量将对包容性金融发展具有促进作用。

进一步分析其边际效应。根据式（4.9）以及 Brambor 等（2005）的方法估计，综合制度质量对包容性金融发展的边际效应为 3.689，标准差为 0.548，在 1% 的水平下显著；正式制度质量对包容性金融发展的边际效应为 3.811，标准差为 0.627，在 1% 的水平下显著；非正式制度质量对包容性金融发展的边际效应为 3.284，标准差为 0.087。

4.5.3　稳定性检验

这里采用数据分组的方式重新对模型（4.6）、模型（4.7）、模型（4.8）进行检验。考虑我国的五年规划划分，以及包容性金融发展理念的正式提出等因素，以 2010 年为界限，将样本数据分为 2006 ~ 2009 年、2011 ~ 2015 年两个样本组，重新进行检验，检验结果分别如表 4.13 和表 4.14 所示。

表 4.13 2006～2009 年样本数据的检验

ifi	(1)	(2)	(3)	(4)	(5)	(6)	(7)	(8)	(9)
zins	0.839*** (0.331)	0.703** (0.351)	−1.671*** (0.575)						
evzins		−0.141 (1.001)							
fins				0.723** (0.329)	0.715** (0.362)	−2.513*** (0.560)			
evfins					0.208 (0.928)				
social							0.245** (0.109)	0.205* (0.123)	−0.051 (0.110)
evsocial								−0.786* (0.522)	
rgp	0.778*** (0.139)	0.733*** (0.148)	0.699*** (0.119)	0.856*** (0.128)	0.786*** (0.136)	0.653*** (0.099)	0.781*** (0.145)	0.848*** (0.169)	0.638*** (0.129)
evgdp		−0.423 (0.102)			−0.442*** (0.100)				
open	0.060 (0.066)	0.128* (0.070)	0.010 (0.057)	0.091[15] (0.062)	0.150** (0.065)	0.013 (0.049)	0.112* (0.059)	0.105& (0.064)	0.041 (0.053)
geo	0.179*** (0.048)	0.121** (0.056)	0.155*** (0.041)	0.126** (0.060)	0.059 (0.069)	0.145*** (0.047)	0.283*** (0.057)	0.275*** (0.065)	0.232*** (0.050)

续表

ifi	(1)	(2)	(3)	(4)	(5)	(6)	(7)	(8)	(9)
ind	-0.468 *** (0.147)	-0.452 *** (0.157)	-0.287 *** (0.130)	-0.403 *** (0.155)	-0.386 ** (0.162)	-0.219 * (0.119)	-0.578 *** (0.153)	-0.643 *** (0.172)	-0.471 *** (0.134)
$zins^2$			7.071 *** (1.313)						
$fins^2$						8.489 *** (1.193)			
$social^2$									3.636 *** (0.694)
Constant	-3.812 *** (0.851)	-3.027 *** (0.923)	4.065 ** (1.694)	-4.165 *** (1.056)	-3.609 *** (1.160)	6.930 *** (1.867)	-1.751 *** (0.619)	-1.692 ** (0.720)	-1.140 *** (0.90)
Obs.	90	60	90	90	60	90	90	60	90
Num. of prov.	30	30	30	30	30	30	30	30	30
R^2	0.810	0.855	0.860	0.808	0.858	0.860	0.802	0.823	0.806
Prob	0.000	0.000	0.000	0.000	0.000	0.000	0.000	0.000	0.000

注：括号内为各统计量的标准差；***、** 和 * 分别表示 1%、5% 和 10% 的水平下显著；& 表示 15% 的显著水平；回归方程中包含时间哑变量。

表 4.14 2011 ~ 2015 年样本数据的检验

ifi	(1)	(2)	(3)	(4)	(5)	(6)	(7)	(8)	(9)
zins	0.473$^{\&}$ (0.326)	0.429$^{\#}$ (0.340)	-4.115*** (1.089)						
evzins		-0.020 (0.471)							
fins				0.323$^{\#\#\#}$ (0.345)	0.206 (0.485)	-6.309*** (1.335)			
evfins					-0.178 (0.566)				
social							0.099$^{\#\#}$ (0.109)	0.088$^{\#\#\#}$ (0.095)	-0.057 (0.151)
evsocial								-0.026 (0.290)	
rgp	0.880*** (0.139)	0.886*** (0.132)	0.841*** (0.116)	0.851*** (0.122)	0.839*** (0.147)	0.821*** (0.160)	0.884*** (0.146)	0.870*** (0.165)	0.892*** (0.139)
incl	-0.315** (0.139)	-0.304*** (0.138)	-0.226* (0.126)	-0.300** (0.140)	-0.314** (0.155)	-0.139 (0.184)	-0.317** (0.141)	-0.307** (0.149)	-0.331** (0.137)
open	0.156** (0.061)	0.156** (0.061)	0.127** (0.057)	0.182*** (0.057)	0.197*** (0.073)	0.239*** (0.075)	0.184*** (0.055)	0.191*** (0.0634)	0.178*** (0.056)
geo	0.183*** (0.050)	0.197*** (0.050)	0.189*** (0.046)	0.163*** (0.061)	0.167** (0.075)	0.273*** (0.081)	0.223*** (0.057)	0.225*** (0.064)	0.207*** (0.110)

续表

ifi	(1)	(2)	(3)	(4)	(5)	(6)	(7)	(8)	(9)
ind	-0.482*** (0.121)	-0.509*** (0.115)	-0.477*** (0.102)	-0.492*** (0.123)	-0.482*** (0.143)	-0.428* ** (0.161)	-0.509*** (0.120)	-0.497*** (0.127)	-0.532*** (0.110)
$zins^2$			11.667*** (2.497)						
$fins^2$						12.511*** (4.507)			
$social^2$									0.765*** (0.557)
Constant	-4.233*** (0.979)	-4.091*** (1.039)	11.012** (3.519)	-4.164*** (1.253)	-3.779*** (1.724)	17.996*** (1.867)	-3.028*** (0.619)	-3.035*** (0.767)	-2.443*** (0.743)
Obs.	120	120	120	120	90	120	120	90	120
Num. of prov.	30	30	30	30	30	30	30	30	30
R^2	0.790	0.796	0.832	0.787	0.785	0.641	0.786	0.791	0.798
Prob	0.000	0.000	0.000	0.000	0.000	0.000	0.000	0.000	0.000

注：括号内为各统计量的标准差；***、** 和 * 分别表示 1%、5% 和 10% 的水平下显著；&、#、##、###分别表示 15%、20%、30% 和 35% 的显著水平；回归方程中包含时间哑变量。

从检验结果看，两个样本数据组的主要估计结果未发生明显变化。综合制度质量、正式制度质量和非正式制度质量对包容性金融的促进作用再次得到验证。制度质量的波动会抵消制度质量对包容性金融发展积极效应。同时，制度质量对包容性金融发展的影响是非线性的。尽管部分检验结果的显著水平发生了变化，但主要估计结果未发生明显变化。检验结果稳健。

4.6 结论与对策建议

制度是包容性金融发展地区差异的重要原因。包容性金融发展仍以金融合约为基础，而合约的顺利执行不仅与法治、政府干预等正式制度有关，还与信任、规范等非正式制度有关。较高的制度质量能促进金融机构技术创新、降低其交易成本，提高金融服务提供的广度、深度、效度和稳定性，从而有利于包容性金融发展。本部分在分析制度质量作用包容性金融发展机理的基础上，根据制度的界定，选取9个二级指标从正式制度质量和非正式制度质量两个维度构建综合制度质量测度体系，并分别计算综合制度质量指数、正式制度质量指数和非正式制度质量指数，进一步分析了各指数的地区分布差异。

进一步，根据作用机理，本部分构建了制度质量影响包容性金融发展的回归模型，为避免制度内生问题，采用两阶段最小二乘法，用我国2006~2015年省级面板数据进行经验检验。结果表明：制度质量的提高能够改善包容性金融发展水平，但提高制度质量过程中出现的制度质量波动，却会减弱这一效果。制度质量对包容性金融发展的影响是非线性的，随着时间的变化，呈现“U”型曲线特征。在影响包容性金融发展中，正式制度与非正式制度存在互补关系。

本部分的结论对提高制度质量促进包容性金融发展有着重要意义。首先，在推进包容性金融发展的进程中，要重视正式制度的建设，如加强法律制度的建设，改善法律执行效率，提高投资者保护有效性。推动产权制度改革，适当加大金融机构的对外开放，通过完善公司治理结构，提高金融机构的竞争力。此外，提高政府服务职能，降低低效的干预，使政府干预发挥提高经营环境的作用。

其次，重视非正式制度的建设。金融交易本质还是信用交易，往往信用水平越高的地区，其金融发展水平也相对越高。信任、规范对提高金融服务的广度和深度有着重要的影响，一旦“信用缺失”，将增加包容性金融发展的交易成本和交易风险。因此，积极推进信用、村民规范等非正式制度的建设，以推进包容性金融发展水平。

第5章　制度质量对包容性金融发展减贫影响的经验检验

5.1 问题的提出

党的十八报告和十九大报告均提出了“深化金融体制改革”“发展多层次资本市场”。金融的深化改革，需要稳定的制度环境，才能使更多的发展成果“更多更公平惠及全体人民”“让农民平等参与现代化进程、共同分享现代化成果”。而稳步完善的制度环境是我国“多层次、广覆盖、可持续”金融体系建设和包容性金融发展战略实施的重要基础，并对包容性金融发展减缓贫困产生重要影响。

从实践上看，由于包容性金融发展具有提高资源配置效率与公平、减少社会排斥和收入不均、实现社会公正的积极作用（Fergusson，2006；Sen，2010）。因此，金融包容已经成为国际社会和业界主流所认同的金融发展战略和实践，尤其是2013年G20峰会后，包容性金融发展更是成为政策制定者和利益相关者关注的热点。作为G20国家的中国，尽管包容性金融发展的理念（周小川，2013）刚刚提出，但从早期的贴息贷款、保险服务到现在的村镇银行、小额信贷等金融减贫的实践（杨俊等，2008；崔艳娟和孙刚，2012）为我国金融包容发展积累了重要的实践基础。但是不平衡、不协调、不持续仍是主要问题，农户（尤其是小农户、小畜牧养殖户和小渔民）、低薪工人（特别是农民工）、失业人员（特别是国企下岗职工和农村进城求职人员）的金融需求无法满足（世界银行扶贫协商小组和中国普惠金融工作组，2012）。金融改革实际与预期目标产生差距的重要原因之一就是产权、法律、行政体制、监管等制度的不完善（Demetriades & Andrianova，2005；江春和王鸾凤，2009）。

制度质量对一国的收入有着重要的影响。Chaudhuri和Ravallion（2006）认为收入分配差距有“有益的”，也有“有害的”：促进企业家创新和经济增长的是“有益的”，而反应机会不平等、市场失败的是“有害的”。而制度质量的提高有可能会降低“有害的”收入分配差距，而并不必然降低“有益的”收入分配差距。Chong（2004）、Carmignani（2007）认为制度质量越低的国家，其收入分配差距也就越大，进而会导致贫困增加。Amendola 等(2013）认为产权制度可能会增加对少数富人的保护，导致收入差距增大，尤其是在缺乏民主的国家，这一效果更为明显。那么，制度环境如何影响包容性金融发展的减贫效应？本部分将进一步分析综合制度质量、包容性金融与贫困减缓的关系。其他部分结构为：第二部分是模型构建与变量说明，第三部分是模型的估计结果，最后为相关的结论。

5.2　模型构建与变量说明

5.2.1　模型的构建

包容性金融发展对地区的贫困减缓有着积极的促进作用，但同时也会受到制度因素的制约。由此，本部分在 3.5 节分析的框架中增加制度变量（ins）变量，如模型（5.1）所示，用以分析制度、包容性金融发展对贫困减缓的影响。

$$\begin{aligned} pov_{i,t} = {} & \alpha_0 \times pov_{i,t-1} + \alpha_1 \times ifi_{i,t} + \alpha_2 \times ins_{i,t} + \alpha_3 \times rgp_{i,t} \\ & + \alpha_4 \times inc_{i,t} + \gamma \times X_{i,t} + \lambda_t + u_i + \ + \varepsilon_{i,t} \end{aligned} \tag{5.1}$$

在模型（5.1）中增加制度质量（ins）与包容性金融发展（ifi）的交互项，用以分析在促进贫困减缓过程中，制度与包容性金融发展之间的关系。

$$\begin{aligned} pov_{i,t} = {} & \alpha_0 \times pov_{i,t-1} + \alpha_1 \times ifi_{i,t} + \alpha_2 \times ins_{i,t} + \beta_1 \times ifi_{i,t} \\ & \times ins_{i,t} + \alpha_3 \times rgp_{i,t} + \alpha_4 \times inc_{i,t} + \gamma \\ & \times X_{i,t} + \lambda_t + u_i + \varepsilon_{i,t} \end{aligned} \tag{5.2}$$

其中，u 是未观测的特定地区固定效应，与时间无关；λ是未观测的特定时间固定效应，与地区无关；ε是误差项，服从通常的假设。i 表示省份，t 表示时期。α 为待估计系数。

当待估计系数 $\alpha_1>0$ 时，说明包容性金融发展水平的提高能减缓贫困；当 $\alpha_2>0$ 时，说明制度质量越好，对贫困减缓越有利。当$\beta_1>0$ 时，说明包容金融发展与制度质量在影响贫困减缓时存在互补关系；当 $\beta_1<0$ 时，说明两者均能存进贫困减缓，但存在替代关系。

进一步，将式（5.2）两边同时对包容性金融发展（ifi）求导数，则可得式（5.3），用以估计包容性金融发展的边际效应。

$$\frac{\partial(pov_{i,t})}{\partial(ifi_{i,t})}=\alpha_1+\beta_1\ (ins^*_{i,t}) \tag{5.3}$$

根据式（5.3）可以计算出下十分位数（10%）、下四分位数（25%）、中位数、上四分位数（75%）和上十分位数（90%）对应的制度质量值。

5.2.2 变量说明

为保持研究的一致性，本部分所用变量均为第 3 章和第 4 章所提及的变量。同时，为避免多重共线性的影响，本部分回归时未将宏观经济波动变量加入，同时未将产业结构变量加入。各变量定义与计算方法如表 5.1 所示。

表 5.1　各变量定义与计算方法

变量符号	指标含义	变量计算
pov	贫困指标	农村人均消费水平
ifi	包容性金融发展	包容性金融发展指数
ins	制度质量	综合制度指数
rgp	经济增长	人均实际 GDP

续表

变量符号	指标含义	变量计算
inc	收入差距	泰尔指数
evifi	包容性金融发展波动	包容性金融发展变化率的残差
rgdp	宏观经济发展	实际 GDP 的增长率
edu	人力资本	教育支出/财政支出
open	开放度	进出口贸易额/GDP
geo	交通密集度	公路里程（km）/总面积（km^2）

为避免变量内生、异方差以及数据变动幅度过大的影响，同时提高计量分析的稳健性，以上变量中除波动率、实际 GDP 的增长率、泰尔指数外均取自然对数后进行回归分析。

5.2.3　样本数据与处理

由于西藏部分数据缺失较多，本部分所用样本中不包括西藏，同时也不包括香港、澳门和台湾。所用样本共 30 个省级行政单位。考虑包容性金融发展理念的正式提出，将样本的时间区间设置为2006～2015 年。

原始数据来源于 2007～2016 年的金融统计年鉴、中国统计年鉴和各省统计年鉴，并整理计算。各变量基本统计特征如表 5.2 所示。从表中可以看出，除贫困减缓变量（pov）、包容性金融发展（ifi）差异显著外，制度质量差异也较为明显。这为本部分的分析提供了基础。

表 5.2　　　　样本变量基本统计特征

变量	观测值	平均值	标准差	最小值	最大值
pov	300	4.042	0.555	2.874	5.438
ifi	300	2.120	0.692	1.184	4.336
ins	300	0.408	0.098	0.252	0.692

续表

变量	观测值	平均值	标准差	最小值	最大值
rgp	300	5.715	0.585	4.035	6.967
inc	300	-0.009	0.431	-2.819	0.281
evfdv	270	0.835	0.325	0.140	2.848
rgdp	270	-0.409	1.172	-4.602	0.779
edu	300	2.797	0.158	2.292	3.101
open	300	5.240	0.984	3.576	7.452
geo	300	4.203	0.792	1.888	5.345

5.3 模型的估计结果

根据所构建的动态面板数据模型，本部分继续使用系统 GMM 方法（参见 3.5.3 部分）进行回归。检验结果，如表 5.3 所示。

表 5.3　制度质量（zins）、包容性金融发展与贫困减缓

pov	(1)	(2)	(3)	(4)	(5)	(6)	(7)	(8)
pov(-1)	0.696*** (0.077)	0.793*** (0.090)	0.751*** (0.077)	0.712*** (0.090)	0.739*** (0.103)	0.777*** (0.081)	0.798*** (0.073)	0.639*** (0.090)
rgp	0.113*** (0.027)	0.065* (0.040)	0.087* (0.028)	0.100** (0.040)	0.092** (0.045)	0.076** (0.033)	0.062** (0.030)	0.109*** (0.035)
inc	-0.043*** (0.006)	-0.048*** (0.006)	-0.049*** (0.007)	-0.037*** (0.008)	-0.044*** (0.007)	-0.050*** (0.006)	-0.053** (0.006)	-0.053*** (0.010)
ifi	0.035** (0.016)	0.563* (0.333)	0.425# (0.293)	0.365** (0.184)	0.437* (0.277)	0.631*** (0.282)	0.821*** (0.328)	0.892* (0.534)
ins	0.143*** (0.054)	0.385*** (0.143)	0.314** (0.132)	0.306*** (0.111)	0.337** (0.147)	0.399*** (0.140)	0.464*** (0.158)	0.600** (0.296)
ifi × ins		-0.136* (0.085)	-0.100& (0.073)	-0.083* (0.073)	-0.108* (0.070)	-0.152** (0.070)	-0.202** (0.081)	-0.212* (0.132)

续表

pov	(1)	(2)	(3)	(4)	(5)	(6)	(7)	(8)
evfdv			-0.002 (0.005)					
rgdp				0.014* (0.008)				0.003 (0.002)
geo					0.039** (0.018)			0.002 (0.008)
edu						0.027# (0.016)		0.013 (0.030)
open							0.012& (0.009)	0.009 (0.009)
Constant	0.083 (0.081)	-1.019* (0.600)	-0.720& (0.531)	-0.434 (0.408)	-0.747 (0.549)	-1.167** (0.534)	-1.404** (0.595)	-0.1.414# (0.508)
Obs.	270	270	240	270	270	270	270	270
Num. of province	30	30	30	30	30	30	30	30
HansenTest	0.898	0.959	0.992	0.982	0.992	0.976	0.972	0.955
AR (2)	0.356	0.315	0.138	0.202	0.336	0.354	0.316	0.397

注：Pov（-1）为贫困减缓变量的滞后项；括号内为各统计量的标准差；***、** 和 * 分别表示 1%、5% 和 10% 的水平下显著；#、& 表示 15%、20% 的显著水平；回归方程中包含时间哑变量。

表 5.3 给出了模型的估计结果，为避免时间效应的影响，所有回归中均包含了时间哑变量。列（1）给出了模型（5.1）基本估计结果，列（2）给出模型（5.2）的基本估计结果。列（3）~列(11)给出了逐步加入控制变量的估计结果。从回归参数看，系统 GMM 估计有效。贫困减缓滞后项的符号是正数，且高度显著，再次说明贫困减缓的存在代际相传的特点。

从列（1）看，制度质量（ins）和包容性金融发展（ifi）的估计系数均为正数，且高度显著，说明制度质量和包容性金融发展的提高有利于贫困减缓。制度质量对贫困减缓的贡献率为 14.3%，而包容性金融发展对贫困减缓的贡献率为 3.5%。制度质量的提高有利于贫困减缓，这一结论与 Tebaldi 和 Mahan（2010）、Chong 和 Calderon（2000）保持了一致。

同时，经济增长（rgp）与贫困减缓正相关，收入差距（inc）与贫困减缓负相关，说明经济增长与收入差距的减少有利于贫困减缓，经济增长与收入差距缩小对贫困减缓的贡献率分别为 11.3% 和4.3%。

列（2）给出了增加了包容性金融发展（ifi）和制度质量（ins）的交互项后的回归结果。制度质量（ins）和包容性金融发展（ifi）的估计系数均为正数，而两者交互项的系数为负数，说明制度质量与包容性金融发展有利于贫困减缓，且两者之间存在替代关系。制度与金融发展之间有着替代关系已经得到了 Cepparulo 等(2016）等的验证，而作为金融发展发展方式之一的包容性金融发展，与制度质量仍存在这一替代关系。也就是说，随着制度质量的提高，包容性金融发展减缓贫困的作用将下降。反之，当制度质量的减贫作用下降时，包容性金融发展减缓贫困的作用将会提高。原因在于包容性金融发展是金融制度质量提高的结果，而金融制度则是制度质量的重要构成。

列（3）给出了增加了金融发展波动（evfdv）控制变量的估计结果，用以分析金融发展（金融发展规模）稳定对贫困减缓的影响。从检验结果看，估计系数均为负数，说明包容性金融发展波动和金融发展波动对贫困减缓不利。且包容性金融发展和制度质量的贡献率下降，也就是说，金融发展的稳定影响了包容性金融发展与制度质量在减缓贫困中的作用。

列（4）~列(7）给出了增加宏观经济发展（rgdp)、交通密集度(geo)、人力资本（edu)、经济开放程度（open）四个变量，用以分析宏观经济发展、教育水平、地方经济开放程度和交通方便程度对贫困减缓的影响。从估计结果看，均得到了预期的结果。宏观经济发展、教育水平的提高、经济开放程度的扩大、交通密集水平提高有利于贫困减缓。这一结论与本书3.5 节的分析结论保持了一致。

为进一步分析包容性金融发展、制度质量对贫困减缓的影响，这里借鉴 Cepparulo 等(2016）的方法，根据式（5.3）计算边际效应。

表 5.4 给出了的估计结果。从表 5.4 中可以看出，随着制度质量的变化，包容性金融发展对贫困影响的改变。随着制度质量的提高，包容性金融发展的减贫效应在逐渐减弱，也就是说，在贫困减缓的作用中，包容性金融发展与制度存在替代效应。

表 5.4　　　　包容性金融发展减缓贫困的边际效应

	下十分位（10%）	下四分位（25%）	中位数（50%）	上四分位（75%）	上十分位（90%）
制度质量	3.435	3.508	3.682	3.918	4.042
弹性	0.096	0.086	0.062	0.030	0.013

5.4　稳健性检验

这里采用逐步加入解释变量和变换样本数据的方式检验回归结果的稳健性。

第一，采用逐一加入解释变量的方法进行稳定性检验，检验结果如表 5.3 列（3）~列(7）所示。同时，列（8）给出了同时加入了除波动率外①的所有控制变量的估计结果。对比估计结果，包容性金融发展、制度质量以及两者交互项的估计符号未发生变化，包容性金融发展、制度质量能够减缓贫困，并且两者具有替代效应。其他变量也保持了一致的符号。说明检验结果稳定。

第二，用 2011 ~ 2015 年样本②，再次根据模型（5.1）和模型（5.2）进行回归。检验结果如表 5.5 所示。列（1）、列(2）分别为

① 为避免多重共线性，未将各变量的波动率加入。

② 首先，我国包容性金融发展的实践较早，如早期的贴息贷款等。但这一理念却是近年才提出的，并且从全世界发展看，也是在 2013 年的 G20 峰会后，包容性金融发展成为政策制定者和利益相关者的关注热点。此外，我国 2008 年和 2010 年两次调整了贫困标准。因此，这里将样本数据范围调整为 2011 ~2015 年。

模型（5.1）和模型（5.2）的基本模型回归结果，列（3）~列(7)为逐一加入控制变量后的回归结构，列（8）将除了波动率外的所有变量进行了整体回归。从回归结果看，主要估计结果未发生变化，包容性金融发展、制度质量对贫困减缓具有积极的促进作用，两者具有替代关系。估计结果稳定。对比表5.5和表5.3的结果，应用2011~2015年的样本所得的回归结果显著性明显提高。虽然我国包容性金融发展的实践较早，但正式提出发展普惠金融是在党的十八届三中全会报告上，在一定程度上推进了成果共享的效应。

表5.5　　2011~2015年数据估计结果

pov	(1)	(2)	(3)	(4)	(5)	(6)	(7)	(8)
pov(-1)	0.654*** (0.105)	0.793*** (0.110)	0.794*** (0.106)	0.815*** (0.080)	0.790*** (0.094)	0.840*** (0.069)	0.868*** (0.066)	0.857*** (0.073)
rgp	0.171*** (0.049)	0.101* (0.057)	0.098** (0.055)	0.092** (0.042)	0.084*** (0.033)	0.076** (0.037)	0.064* (0.036)	0.086** (0.039)
inc	-0.035*** (0.010)	-0.041*** (0.011)	-0.041*** (0.011)	-0.042*** (0.011)	-0.041*** (0.010)	-0.041*** (0.010)	-0.043*** (0.011)	-0.034*** (0.011)
ifi	0.032* (0.017)	0.298* (0.173)	0.284* (0.168)	0.285** (0.149)	0.664** (0.473)	0.347** (0.151)	0.409*** (0.139)	0.453** (0.224)
zins	0.169*** (0.064)	0.265*** (0.081)	0.260*** (0.083)	0.243*** (0.072)	0.445** (0.152)	0.270*** (0.081)	0.287*** (0.079)	0.407*** (0.126)
ifi * zins		-0.073* (0.047)	-0.069* (0.045)	-0.070* (0.040)	-0.168** (0.072)	-0.087** (0.040)	-0.104*** (0.037)	-0.110* (0.058)
evfdv			-0.018 (0.016)					
rgdp				0.002 (0.002)				0.0003 (0.002)
geo					0.022 (0.019)			0.007 (0.007)
edu						0.003 (0.018)		101*** (0.030)
open							0.004 (0.008)	-0.037 (0.007)
Constant	-0.063 (0.117)	-0.600* (0.375)	-0.539& (0.367)	-0.557* (0.336)	-1.262** (0.653)	-0.684** (0.341)	-0.802** (0.333)	-0.1.414*** (0.511)

续表

pov	(1)	(2)	(3)	(4)	(5)	(6)	(7)	(8)
Obs.	120	120	90	120	120	120	120	120
Num. of province	30	30	30	30	30	30	30	30
HansenTest	0.314	0.350	0.407	0.314	0.678	0.508	0.473	0.415
AR (2)	0.278	0.356	0.404	0.388	0.388	0.382	0.396	0.311

注：Pov（-1）为贫困减缓变量的滞后项；括号内为各统计量的标准差；*** 、** 和 * 分别表示 1%、5% 和 10% 的水平下显著；回归方程中包含时间哑变量。

当前的文献大量的研究了金融发展与贫困减缓的作用，而对于包容性金融发展的减贫以及制度质量影响的相关分析较少。本部分用我国省级面板数据分析了制度质量、包容性金融发展与贫困减缓的关系，主要的结论有：

（1）包容性金融发展、制度质量均对贫困减缓产生影响。包容性金融发展有利于贫困减缓，这一结论与本书第 3 章的结论保持了一致。制度质量的提高也有利于贫困减缓。制度质量的提高往往与投资者收益有着直接关联，而投资者收益提高，则有利于降低收入分配差距，进而提高贫困减缓。这与 Carmignani（2007）的结论保持了一致。

（2）包容性金融发展与制度质量都有利于贫困减缓，但在促进贫困减缓的过程中，包容性金融发展与制度质量存在替代关系。也就是说，制度质量越高的地区，包容性金融发展减缓贫困的效果越弱。反过来，包容性金融发展水平越高的地区，制度质量提高对贫困减缓的作用将下降。制度质量对包容性金融发展的边际效应检验再次验证了这一结论。

5.5　结论与对策建议

制度质量、包容性金融发展均对贫困减缓有着重要的影响，同时，制度质量又会影响包容性金融发展的贫困减缓作用。本部分在第

3 章、第 4 章分析的基础上，进一步探讨制度质量、包容性金融发展与贫困减缓的关系。基于包容性金融发展指数、综合制度质量指数，本部分构建了动态面板数据模型，用系统 GMM 方法，对我国 2006 ~ 2015 年面板数据进行经验检验。结果表明：制度质量的提高以及包容性金融发展均有利于贫困减缓。但在促进贫困减缓的构成中，两者之间表现为替代关系。

这些结论对于当前我国实现党的十九大提出的坚决打赢脱贫攻坚战、全面建成小康社会的目标实现，有着重要意义。

首先，完善正式制度建设，鼓励金融服务多元化。适当放开市场准入门槛，在有效控制金融风险的前提下，鼓励商业银行等多元金融服务机构的建立，并提供包括移动金融、民间资本参股等多元化的金融服务，以此满足各层次金融需求者。探索民间资本参与金融服务的制度可能性，构建新型贷款考核体系，降低弱势群体获得优质金融服务的成本，提高金融服务的可覆盖性，从而促进贫困减缓，打赢减贫攻坚战。

其次，重视非正式制度建设，完善我国农村金融机构的信用管理机制，向农村地区引进科学技术，借助高科技建立完善的信用审核制度，针对中小型企业和农村个体的信用状况进行快捷全面的信用认证，从而提高金融服务对于农村个体等弱势群体的准入点，提高包容性金融的减贫效应。

最后，加强金融监管制度，提高金融服务稳定性，提高包容性金融发展减贫效果。金融自由化可以提高市场效率，但同时也会带来金融风险、金融危机等负面影响，因此，政府的金融监管必不可少。金融监管主要是对金融机构不同业务实施监管，重点控制商业银行信贷量的增长以及不良贷款；实现跨产品、跨机构、跨市场的协调，对银行、证券、保险等混业经营、金融创新工作的监管。同时，建立监管法规的动态跟踪、评价和更新机制，避免金融风险发生可能性的增加，在保持金融发展规模和效率的同时，保障金融企业经营的安全，维护金融体系的稳定。

制度质量、包容性金融发展与减贫的关系研究
Chapter 6

第6章 主要结论与未来研究展望

现阶段，我国已经结束了大规模的减缓贫困，进入攻坚阶段，现阶段贫困形态与反贫困战略均发生了显著变化，反贫困战略亟须调整。金融扶贫被许多国家证明是最有效的扶贫方式之一。通过制订金融政策反贫困，主要是指在一定的金融政策指导下，使信贷资金流向贫困人口，通过外界的力量增加贫困人口可以利用的资本存量，从而实现贫困减缓。

6.1 主要结论

本书以我国包容性金融发展实践为研究对象，在制度经济学、金融发展理论和贫困减缓理论的基础上，对国内外文献进行了综述。在此基础上，对包容性金融发展、制度质量的代理变量解析，构建包容性金融发展指数、制度质量指数，对我国 31 个省区市的包容性金融发展水平、制度质量进行分析。进一步构建制度质量、包容性金融发展与贫困减缓的作用机制，采用我国 2006 ~ 2015 年省级面板数据，分别用两阶段最小二乘法、系统 GMM 方法，实证分析了制度质量对包容性金融发展的影响、包容性金融发展的减贫效应，以及制度质量对包容性金融发展减缓贫困的影响，并提出了相应的对策建议。

本书的主要结论包括：

第一，从金融服务的广度、深度、效度和稳定性构建包容性金融发展评价指标，并采用变异系数法确定各指标权重，构建包容性金融发展指数，对我国 2006 ~ 2015 年 31 个省区市的包容性金融发展水平计算。结果表明，我国包容性金融发展的实践较早、发展速度较快，但整体水平较低。包容性金融发展的地区差异显著，东部地区的包容性金融发展水平高于中西部地区，但中西部地区包容性金融发展的增长速度高于东部地区。

第二，包容性金融发展可以通过经济增长、收入分配的途径影响包容性金融发展。用2006~2015年我国省级面板数据为样本，用系统GMM方法检验包容性金融发展的减贫效应。结果表明，包容性金融发展有利于贫困减缓，但这一效果又会受到包容性金融发展波动、宏观经济波动的影响。同时，教育水平、经济开放、交通便利以及产业结构优化也能促进贫困减缓。

第三，从正式制度和非正式制度两个维度分析制度质量变量构成，计算我国2006~2015年31个省区市的综合制度质量指数、正式制度质量指数和非正式制度质量指数，进一步分析了各指数的地区分布差异。结果表明，我国制度质量存在明显的地区差异，并大致呈现东部地区高于中西部地区的特点。这与我国采用试点后推行的政策有关。

第四，制度质量通过金融机构创新、交易成本影响包容性金融发展。以我国2006~2015年省级面板数据，采用两阶段最小二乘法检验制度质量、制度稳定对我国包容性金融发展的影响，并一步分析正式制度和非正式制度的作用。结果表明，综合制度质量、正式和非正式制度质量与包容性金融发展存在正相关关系，但制度推进时的波动会消减这一效应。同时制度质量对包容性金融发展的影响是非线性的，随时间变化呈“U”形曲线特征。在促进包容性金融发展的过程中，正式与非正式制度存在互补关系。

第五，以2006~2015年我国省级面板数据为样本，用系统GMM方法检验制度质量、包容性金融发展与贫困减缓的关系。结果表明，制度质量的提高以及包容性金融发展均有利于贫困减缓。但在促进贫困减缓的构成中，两者之间表现为替代关系，即随着制度质量的提高，包容性金融发展的减贫效果将下降，反之，随着包容性金融发展水平的提高，制度质量减缓贫困的效果将下降。

第六，包容性金融发展减缓贫困效果的发挥会受到多种因素的影响。因此，应正确看待金融发展减缓贫困的作用，有效识别金融发展减缓贫困的目标群体，在金融减缓贫困的过程中，加强正式制度与非正式制度建设，促进包容性金融发展。政府给予适当引导与支持，借助政府服务平台，建立健全个人征信体系，提高金融机构的可持续性与对特定群体的包容，有序并适当扩大金融服务的覆盖面，发挥金融发展减缓贫困的作用。

综上所述，包容性金融发展减缓贫困效应的发挥，除了政府引导的宏观环境建设外，还要加强微观环境建设，健全金融法规、制度，加强金融纠纷案件执行力度，克服地方保护、人情关系干扰案件审理和审批弊端。此外，还包括会计与审计准则的完善，优化金融生态环境，提高包容性金融发展的减贫效应，实现扶贫攻坚战、决胜全面建设小康社会的目标。

6.2　未来研究展望

第一，变量指标深化与增加。由于贫困的界定既可以是物质的，也包括能力等非物质的。因此，角度不同所选取的指标不同。本书在进行实证分析时，采用了农村人均消费水平，虽然这一指标处理具有可靠性，不影响最终结论。但是为了更全面地理解金融减贫效应，未来的研究之一就是对人均收入分组数据分解，获得贫困深度、贫困距离等指标，深入探讨包容性金融发展的减贫效应。

第二，包容性金融发展的度量。从我国金融减贫历程上看，主要是以金融中介作用为主，随着我国金融发展的不断深化，资本市场的作用逐步发挥出来。因此，本书从银行机构、股票市场、保险公司三个金融服务提供主体，分别选取了指标对包容性金融发展进行分析。尽管这一处理尽可能地覆盖了包容性金融发展的广度、深度、效度和稳定性。但由于多种因素影响，尚未将互联网金融涵盖进行，这可以作为未来的研究方向之一。

第三，制度本身是一个丰富的概念。但是对于其度量尚未形成一致意见。尽管当前有多种研究探讨，但大部分集中于正式制度的测度。本书尽可能地选取多指标分析正式制度、非正式制度，并构建了综合制度质量的测度指标。但在非正式制度的测度中，未将文化这一维度加入，未来可以深入分析，丰富制度质量测度的相关研究。

总之，制度、包容性金融与贫困减缓的相关研究是一个很复杂的课题，相关的问题还有许多值得我们去研究。关注贫困减缓是我国打胜扶贫攻坚战、决胜全面小康社会的重要方面，包容性金融发展减缓贫困的作用以及制度质量的影响不可忽视。期望本书的研究能为我国包容性金融发展的理论和相关政策制定提供参考与借鉴。

参考文献

[1] 巴蒂.H. 巴尔塔基著，白伯林等译．面板数据计量经济分析．机械工业出版社，2010（5）：128－140.

[2] 车树林，顾江．包容性金融发展对农村人口的减贫效应．农村经济，2017（4）：42－78.

[3] 陈绍华，王燕．中国经济的增长和贫困的减少——1990～1999年的趋势研究．财经研究，2001，(9)：3－11.

[4] 陈银娥，师文明．微型金融对贫困减少的影响研究述评．经济学动态，2011，(4)：130－135.

[5] 陈志刚．制度、开放与中部地区金融发展：1996～2010．中南民族大学学报（人文社会科学版），2013（7）：116－123.

[6] 陈志勇，陈思霞．制度环境、地方政府投资冲动与财政预算软约束．经济研究，2014（3）：76－87.

[7] 程仲鸣，夏新平，余明桂．政府干预，金字塔结构与地方国有上市公司投资．管理世界，2008（9）：37－47.

[8] 崔艳娟，刘旸．我国包容性金融发展水平评价研究——基于我国省际数据的分析．大连理工大学学报（社会科学版），2017，38（2）：66－70.

[9] 崔艳娟，孙刚．金融发展是贫困减缓的原因么？——来自中国的证据．金融研究，2012（11）：116－127.

[10] 崔艳娟．村镇银行发展的测度与对策［J］．西安电子科技

大学学报（社会科学版），2015（4）：43－47.

［11］崔艳娟．金融发展与贫困减缓：路径、效应与政策启示．经济科学出版社，2014，3.

［12］邓路，谢志华，李思飞．民间金融、制度环境与地区经济增长．管理世界，2014（3）：31－40.

［13］丁烈云，刘荣英．制度环境，股权性质与高管变更研究．管理科学，2008，21（6）：47－56.

［14］丁志国，谭伶俐，赵晶．农村金融对减少贫困的作用研究．农业经济问题，2011，（11）：72－77.

［15］董昀．为小微企业服务：从普惠金融到包容性金融．上海证券报，2013 年 11 月 5 日第 A03 版.

［16］杜晓山．小额信贷的发展与普惠性金融体系框架．中国农村经济，2006（8）：70－73.

［17］法博齐．F. J. 等著，康卫华主译．金融市场与机构通论．大连：东北财经大学出版社，2000.

［18］凡勃仑（著），蔡受百（译）．有闲阶级论．北京：商务印书馆，1964：139.

［19］樊纲，王晓鲁，朱恒鹏．中国市场化指数．北京：经济科学出版社，2011，12.

［20］冯果，袁康．走向金融深化与金融包容：全面深化改革背景下金融法的使命自觉与制度回应．法学评论，2014（2）：69－81.

［21］郭田勇，丁潇．普惠金融的国际比较研究——基于银行服务的视角．国际金融研究，2015（2）：55－64.

［22］韩亮，徐业坤．投资者法律保护与公司价值——基于法律、所有权与投资者预期实证分析，管理评论，2010（7）：97－104.

［23］韩廷春，林磊．制度因素对中国金融发展影响的实证研究．经济与管理研究，2006（7）：41－45.

［24］何德旭，苗文龙．金融排斥、金融包容与中国普惠金融制

度的构建．财贸经济，2015，36（3）：5－16.

［25］何光辉，杨咸月．手机银行模式与监管：金融包容与中国的战略转移．财贸经济，2011（4）：46－54.

［26］洪修文．基于国际经验的金融发展制度因素研究．商业研究，2010（5）：104－110.

［27］滑冬玲，肖强．制度与金融发展：基于转轨国家的面板数据分析．经济管理，2012（9）：121－128.

［28］黄俊，张天舒．制度环境、企业集团与经济增长．金融研究，2010（6）：91－102.

［29］江春，王鸾凤．发展中国家金融发展的制度分析．财经科学，2009（4）：1－9.

［30］江春，许立成．产权、法律制度与中国金融发展之谜．财经问题研究，2004（8）：39－44.

［31］江春，许立成．金融创新的新制度金融学探索．武汉金融，2006（4）：4－7.

［32］江春，许立成．金融发展中的制度因素：理论框架与国际经验．财经科学，2007（4）：1－7.

［33］江春．论金融的实质及制度前提．经济研究，1999（7）：33－39.

［34］焦瑾璞等．中国普惠金融发展进程及实证研究．中国人民银行工作论文 No. 2015/2，2015.

［35］康芒斯（著），于树生（译）．制度经济学．北京：商务印书馆，1962：87－89

［36］李炳炎．新制度经济学的本质及其对中国经济改革的影响评析．马克思主义研究，2010，26（11）：5－10.

［37］李群峰．动态面板数据模型的 GMM 估计及其应用［J］．统计与决策，2010，16，161－163.

［38］李维安，徐业坤．政治关联形式、制度环境与民营企业生

产率，管理科学，2012，(2)：1－12.

[39] 连玉君，彭方平，苏治．融资约束与流动性管理行为．金融研究，2010（10)：158－171.

[40] 林毅夫．关于制度变迁的经济学理论：诱致性变迁与强制性变迁．刘守英等编．财产权利与制度变迁，上海：上海三联书店，上海人民出版社，1994，377－378，390－391.

[41] 刘凤委，孙铮，李增泉．政府干预、行业竞争与薪酬契约——来自国有上市公司的经验证据．管理世界，2007（9)：76－84，128.

[42] 刘明，刘震，郭峰．山东省普惠金融发展现状及影响因素分析——基于普惠金融发展指数的实证研究．金融发展研究，2014(12)：54－59.

[43] 卢锋，姚洋．金融压抑下的法治、金融发展和经济增长．中国社会科学，2004，(1)：42－55.

[44] 卢周来．新制度经济学，新政治经济学，还是社会经济学？——兼谈中国新制度经济学未来的发展．管理世界，2009（3)：159－165.

[45] 马克思恩格斯全集（第23卷）[M]. 北京：人民出版社，1973. 692－708.

[46] 米运生．金融自由化、经济转轨与农民相对贫困的恶化．经济理论与经济管理，2009，(10)：60－65.

[47] 诺斯．经济史中的结构与变迁．上海：上海三联出版社，1994.

[48] 皮天雷．经济转型中的法治水平、政府行为与地区金融发展——来自中国的新证据．经济评论，2010（1)：36－49.

[49] 皮天雷．社会资本、法治水平对金融发展的影响分析．财经科学，2010（1)：18.

[50] 萨缪尔森．经济学（上册）．第14版．北京：北京经济学

院出版社，1996，658.

[51] 邵军，徐康宁. 制度质量，外资进入与增长效应，一个跨国的经验研究. 世界经济，2008，(7)：3－14.

[52] 史恩义. 中国金融发展中的政府行为研究. 经济评论，2009 (1)：19－25.

[53] 世界银行扶贫协商小组，中国普惠金融工作组. 中华人民共和国的金融普惠状况，中国普惠金融第7号论文，2012. 8.

[54] 宋渊洋，刘勰. 中国各地区制度环境测量的最新进展与研究展望. 管理评论，2015，27 (2)：3－12.

[55] 苏基溶，廖进中. 中国金融发展与收入分配、贫困关系的经验分析——基于动态面板数据的研究. 财经科学，2009，(12)：10－16.

[56] 谈儒勇，吴兴奎. 我国各地金融发展差异的司法解释. 财贸经济，2005 (12)：14－17.

[57] 谈儒勇. 金融发展理论与中国金融发展. 北京：中国经济出版社，2000：15.

[58] 田杰，陶建平. 农村普惠性金融发展对中国农户收入的影响——来自1877个县（市）面板数据的实证分析. 财经论丛，2012，164 (2)：57－63.

[59] 托马斯. L. B. 著，马晓萍等译. 货币、银行与金融市场. 北京：机械工业出版社，1999.

[60] 王朝明. 马克思主义贫困理论的创新与发展. 当代经济研究，2008，(2)：1－7.

[61] 王少平，欧阳志刚. 中国城乡收入差距对实际经济增长的阈值效应. 中国社会科学，2008 (2)：54－66.

[62] 王曙光，王东宾. 双重二元金融结构、农户信贷需求与农村金融改革. 财贸经济，2011 (5)：38－44.

[63] 王小鲁，余文静，樊纲. 中国分省企业经营环境指数2013

年报告．中信出版社，2013.

[64] 王修华，关键．中国农村金融包容水平测度与收入分配效应．中国软科学，2014（8）：150－161.

[65] 吴理财．“贫困”的经济学分析及其分析的贫困．经济评论，2001，(4)：3－4.

[66] 伍旭川，肖翔．基于全球视角的金融包容指数研究．南方金融，2014（6）：15－20.

[67] 夏立军，方铁强．政府控制、治理环境与公司价值——来自中国证券市场的经验证据．经济研究，2005（5）：40－51.

[68] 肖利平，郭熙保．制度质量与追赶型增长——基于中国省域经济的实证研究．北京工商大学学报（社会科学版），2011（9）：117－123.

[69] 肖作平．所有权和控制的分离度、政府干预与资本结构选择——来自中国上市公司的实证证据，南开管理评论，2010（5）：144－152.

[70] 闫海洲，张明珅．金融包容性发展与包容性金融体系的构建．南方金融，2012（3）：82－83.

[71] 严成樑．社会资本、创新与长期经济增长．经济研究，2012（11）：48－60.

[72] 杨俊，王燕，张宗益．中国金融发展与贫困减少的经验分析．世界经济，2008，(8)：62－76.

[73] 杨宇，沈坤荣．社会资本、制度与经济增长——基于中国省级面板数据的实证研究．制度经济学研究，2010（2）：42－59.

[74] 姚耀军．制度质量对外资银行进入的影响——基于腐败控制维度的研究．金融研究，2016（3）：124－139.

[75] 袁庆明．新制度经济学．上海：复旦大学出版社，2012.11.

[76] 张洪辉，王宗军．政府干预，政府目标与国有上市公司的

过度投资．南开管理评论，2010（3）：101－108.

［77］张建华等．贫困测度与政策评估：基于中国转型时期城镇贫困问题的研究．北京：人民出版社，2010.

［78］张俊生，曾亚敏．社会资本与区域金融发展——基于中国省际数据的实证研究．财经研究，2005，31（4）：37－45.

［79］张立军，湛泳．金融发展与降低贫困——基于中国1994—2004年小额信贷的分析．当代经济科学，2006，（11）：36－42.

［80］张天舒．资源禀赋、制度弱化与经济增长．经济与管理研究，2013（6）：5－13.

［81］张彤进，任碧云．包容性金融发展与城乡居民收入差距——基于中国内地省级面板数据的实证研究．经济理论与经济管理，2017（5）：90－101.

［82］张维迎，柯荣住．信任及其解释：来自中国的跨省调查分析．经济研究，2002（10）：60－70.

［83］张文，许林，骆振心．金融发展与收入分配不平等：回到G－Z假说．当代财经，2010，（11）：14－25.

［84］郑长德．中国的金融中介发展、收入分配和贫困减缓关系的实证研究［J］．西部商学评论，2008，（1）：68－83.

［85］郑明海．开放经济下中国金融发展的生产率效应研究．浙江大学博士学位论文，2008：9，14－19.

［86］郑志刚，邓贺斐．法律环境差异和区域金融发展——金融发展决定因素基于我国省级面板数据的考察．管理世界，2010（6）：14－27.

［87］中国发展研究基金会．中国发展报告2007——发展中消除贫困．北京：中国发展出版社，2007.

［88］周黎安，陶婧．政府规模、市场化与地区腐败问题研究．经济研究，2009（1）：57－69.

［89］Acemoglu D，Johnson S. and Robinson J A.．The Colonial Origins of Comparative Development: An Empirical Investigation. American Economic Review, 2001, 91 (5): 1369 - 1401.

[90] Acemoglu D., Johnson S. and Robinson J. A.. Reversal of Fortune: Geography and Institutions in the Making of the Modern World Income Distribution. Quarterly Journal of Economics, 2001, 117 (4): 1231 - 1294.

[91] Acemoglu D., Johnson S.. Unbundling Institutions. Journal of Political Economy, 2005, 113: 949 - 995.

[92] Aggarwal, R., Goodell J. W.. Financial Markets versus Institutions in European Countries: Influence of Culture and Other National Characteristics. International Business Review, 2010 (19): 502 - 520.

[93] Ahlin C., Townsend R., Using Repayment Data to Test Across Models of Joint Liability Lending, Economic Journal, 2007, 117 (517): F11 - F51.

[94] Allen F. E., Carletti R., Cull J. and et al.. Resolving the African Financial Development Gap: Cross-Country Comparisons and a Within-Country Study of Kenya. World Bank Policy Working Paper No. 6592, 2013.

[95] Allen F. E., Demirgüç-Kunt A., Klapper L. and et al.. The Foundation of Financial Inclusion: Understanding Ownership and Use of Formal Accounts. World Bank Policy Research Paper 6290, 2012.

[96] Allen F., Demirgüç-Kunt A., Klapper L. and et al.. The Foundation of Financial Inclusion: Understanding Ownership and Use of Formal Accounts. World Bank Policy Research Paper 6290, 2012.

[97] Allen F., Gale D.. Financial Contagion. Journal of Political Economy, 2000, 108: 1 - 33.

[98] Allen F., Qian J. and Qian M.. China's Financial System: Past, Present and Future, China's Great Economic Transformation, edited

by Loren Brandt and Thomas Rawski, Cambridge University Press, 2005.

[99] Allen F., Qian J., Qian M.. Law, Finance and Economic Growth in China. Journal of Financial Economics, 2005, 77 (1): 57–116.

[100] Allen F., Santomero A. H.. The Theory of Financial Intermediation. Journal of Banking and Finance, 1998, 21: 1461–1485.

[101] Ambarkhane D., Singh A. S. and Venkataramani B.. Developing a Comprehensive Financial Inclusion Index. SSRN Working Paper No. 2485774, 2014.

[102] Amendola A., Easaw J. and Savoia A.. Inequality in Developing Economies: the Role of Institutional Development. Public Choice, 2013, 155 (1): 43–60.

[103] Amidžić G., Massara A. and Mialou A.. Assessing Countries' Financial Inclusion Standing: A New Composite Index. IMF Working Paper No. 14/36, 2014.

[104] Andrianova S, Demetriades P, Shortland A.. Government Ownership of Banks, Institutions and Financial Development. Economica, 2012, 79 (315): 449–469.

[105] Arellano M., Bover O.. Another Look at the Instrumental Variable Estimation of Error Components Models. Journal of Econometrics, 1995 (68): 29–51.

[106] Arellano M., Bond S.. Some Tests of Specification for Panel Data: Monte Carlo Evidence and an Application to Employment Equations. Review of Economic Studies, 1991 (58): 277–297.

[107] Arestis P., Demetriades P. and Luintel K.. Financial Development and Economic Growth: the Role of Stock Markets. Journal of Money, Credit, and Banking, 2001, 33 (1): 16–41.

[108] Arora R. U. Measuring Financial Access. Griffith University Discussion Paper in Economics, No. 07, 2010.

[109] Bae J. H., Salomon R.. Institutional Distance in International Business Research. Advances in International Management, 2010, 23: 327-349.

[110] Baltagi B. H., Demetriades P. and Law S. H.. Financial Development and Openness: Panel Data Evidence. Journal of Development Economic, 2009, 89 (2): 285-296.

[111] Barro R. J.. Inequality and Growth in a Panel of Countries. Journal of Economic Growth, 2000. 5 (1): 5-32.

[112] Beck T., Demirgüç-Kunt A. and Levine R.. Finance, Inequality and the Poor. Journal of Economic Growth, 2007b, 12 (1): 27-49.

[113] Beck T., Demirgüç-Kunt A. and Levine R.. Law, Endowments, and Finance. Journal of Financial Economics, 2003, 70 (2): 137-181.

[114] Beck T., Demirgüç-Kunt A. and Peria M. S. M.. Reaching Out: Access to and Use of Banking Services across Countries. Journal of Financial Economics, 2007a, 85 (1): 234-266.

[115] Beck T., Levine R.. Legal Institutions and Financial Development. NBER Working Paper No. 10417, 2004.

[116] Beck T., Ross L. and Loayza N.. Finance and the Sources of Growth. Journal of Financial Economics, 2000, 58: 261-300.

[117] Beck T.. Financial Development and International Trade: Is There a Link? Journal of International Economics, 2002, 27 (5): 107-131.

[118] Beck, T. and Demirgüç-Kunt A.. Access to Finance: An Unfinished Agenda. World Bank Economic Review, 2008, 22: 383-396.

[119] Berggren N., Bergh A. and Bjornskov C.. The Growth Effects of Institutional Instability. Ratio Working Papers, 2009 (5).

[120] Blundell R., Bond S.. Initial Conditions and Moment Restrictions in Dynamic Panel Data Models. Journal of Econometrics, 1998,

87: 115 - 143.

[121] Bond S., Hoeffler A. and Temple J.. GMM Estimation of Empirical Growth Models. CEPR Working Paper, No3048, 2001.

[122] Bordo M. D., Rousseau E. L.. Legal-political Factors and the Historical Evolution of the Finance-growth Link. Review ofEconomic History, 2006, 10 (3): 432 - 444.

[123] Boyd J. H., Levine R., Smith B. D.. The Impact of Inflation on Financial Sector Performance. Journal of Monetary Economics, 2001, 47 (2): 221 - 248.

[124] Bruhn M., Love I.. The Real Impact of Improved Access to Finance: Evidence from Mexico. Journal of Finance, 2014, 69 (3): 1347 - 1376.

[125] Busenitz L. W., Gómez C. and Spencer J. W.. Country Institutional Profiles: Unlocking Entrepreneurial Phenomena. Academy of Management Journal, 2000, 43 (5): 994 - 1003.

[126] Calderon S., Chong A. and Galindo A.. Structure and Development of Financial Institutions and Links with Trust: Cross-country Evidence. Inter-American Development Bank Research Department Working Paper 444, 2001.

[127] Carbo S., Gardener E. P. M. and Molyneux P.. Financial Exclusion, Palgrave MacMillan, 2005.

[128] Carmignani F.. Efficiency of Institutions, Political Stability and Income Dynamics. Public Economics, 2007, 5 (1): 6 - 30.

[129] Casson M. C., Giusta M. D. and Kambhampati U. S.. Formal and Informal Institutions and Development, World Development, 2010, 38 (2): 137 - 141.

[130] Cepparulo A., Cuestas J. C. and Intartaglia M.. Financial Development, Institutions, and Poverty Alleviation: An Empirical Analy-

sis. Bank of Estonia Working Papers, 2016.

[131] Chakravarty S. R., Pal R.. Measuring Financial Inclusion: An Axiomatic Approach. Microeconomics Working Papers 22776, 2010.

[132] Champernowne D. G., Cowell F. A.. Economic Inequality and Income Distribution. Cambridge University Press, 1998.

[133] Chaudhuri S., Ravallion M.. Partially Awakened Giants: Uneven Growth in China and India. Policy Research Working Paper, 2006.

[134] Chibba M.. Financial Inclusion, Poverty Reduction and the Millennium Development Goals. European Journal of Development Research, 2009, 21 (2): 213-230.

[135] Chinn M., Ito H., What matters for Financial Development? Capital Controls, Institutions and Interactions, Journal of Development Economics, 2006, 81 (1): 163-192.

[136] Chong A., Calderón C.. Institutional Quality and Poverty Measures in a Cross-Section of Countries. Economics of Governance, 2000, 1 (2): 123-135.

[137] Chong A., Gradstein M.. Inequality and Institutions. Review of Economics Statistics, 2007, 89 (3): 454-465.

[138] Claessens S., Laeven L.. Financial Development, Property Rights, and Growth. Journal of Finance, 2003, 58 (6): 2401-2436.

[139] Coase R. H.. The Problem of Social Cost. The Journal of Law and Economics, 1960 (3): 1-44.

[140] Coffee J. C.. Do Norms Matter: A Cross-Country Examination of the Private Benefits of Control. Columbia Law and Economics Working Paper No. 183, 2001.

[141] Conroy J.. APEC And Financial Exclusion: Missed Opportunities for Collective Action?, Asia-Pacific Development Journal, 2005, 12 (1).

[142] Dabla-Norris E. , Ji Y. , Townsend R. and et al. Identifying Constraints to Financial Inclusion and Their Impact on GDP and Inequality: A Structural Framework for Policy. IMF Working Paper WP/15/22, 2015.

[143] De Soto H. The Mystery of Capital: Why Capitalism Triumphs in the West and Fails Everywhere Else. Basic Books, New York, 2000.

[144] Demetriades P. O. , Andrianova S. . Sources and Effectiveness of Financial Development: What We Know and What We Need to Know, UNU World Institute for Development Economics Research Paper No. 76, 2005.

[145] Demetriades P. O. , Hussein K. A. . Does Financial Development Cause Economic Growth? Time-series Evidence from 16 Countries. Journal of Development Economics, 1996, 51 (2): 387 –411.

[146] Demetriades P. , Law S. H. . Finance, Institutions and Economic Growth. University of Leicester Discussion Paper in Economics, No. 04/5, 2004.

[147] Demirgüç-Kunt A. , Beck T. and Honohan P. . Finance for All? Policies and Pitfalls in Expanding Access. World Bank Research Report. World Bank. Washington DC, 2008.

[148] Demirgüç-Kunt A. , Klapper L. Measuring Financial Inclusion the Global Findex Database. World Bank Working Paper No. 6025, 2012.

[149] Demirgüç-Kunt A. , Klapper L. Measuring Financial Inclusion: Explaining Variation in Use of Financial Services across and Within Countries. Brooking Papers on Economic Activity, 2013 (3): 279 –340.

[150] Demirgüç-Kunt A. , Klapper L. . Financial Inclusion in Africa: An Overview, Policy Research Working Paper 6088, 2012.

[151] Dev S. M. . Financial Inclusion: Issues and Challenges. Economic and Political Weekly, 2006, 41: 4310 –4313.

[152] Diamond D. W., Dybvig P. H.. Bank Runs, Deposit Insurance, and Liquidity. the Journal of Political Economy, 1983, 91 (3): 401 -419.

[153] Diamond D. W.. Financial Intermediation and Delegated Monitoring. Review of Economic Studies, 1984, LI: 393 -414.

[154] Djankov S., Mcliesh C., Shleifer A.. Private Credit in 129 Countries. Journal of Financial Economics, 2010, 84 (2): 299 -329.

[155] Djankov, S., La Porta R., Lopez-de-Silanes F. and Shleifer A.. The Regulation of Entry, The Quarterly Journal of Economics, 2002, 67 (1): 1 -37.

[156] Dollar D., Kraay A.. Growth is Good for the Poor. Journal of Economic Growth, 2002, 17 (3): 195 -225.

[157] Dreher A., Kotsogiannis C. and Mccorriston S. How Do Institutions Affect Corruption and the Shadow Economy? International Tax and Public Finance, 2009, 16 (6): 773 -796.

[158] Dutta N. and Mukherjee D. Is Culture a Determinant of Financial Development? Applied Economics Letters, 2011, 19 (6): 585 -590.

[159] Easterly W., Levine R. Africa's Growth Tragedy: Policies and Ethnic Divisions. The Quarterly Journal of Economics, 1997, 112 (4): 1203 -1250.

[160] Fazzari S. M., Hubbard R. G., Petersen B. C. and et al. Financing Constraints and Corporate Investment. Brookings Papers on Economic Activity, 1988, 1988 (1): 141 -206.

[161] Fergusson L.. Institutions for Financial Development: What Are They and Where Do They Come From? . Journal of Economic Surveys, 2006 (20), 27 -69.

[162] Fernandez A. P.. The Role of Self Help Affinity Groups in Promoting Financial Inclusion of Landless and Marginal/Small Farmers

Families. Rural Management Systems Series Paper 46, 2006.

[163] Ferrary M.. Trust and Social Capital in the Regulation of Lending Activities. The Journal of Sociol Economics, 2003, 31: 673-699.

[164] Fields G. S.. Distribution and Development: A New Look at the Developing World. Cambridge: MIT Press, 2001.

[165] Floro M., S., Ray D.. Vertical Links between Formal and Informal Financial Institutions. Review of Development Economics, 1997, 1 (1): 34-56.

[166] Fry M. J.. Financial Development: Theories and Recent Experience. Oxford Review of Economic Policy, 1989, 5 (4): 13-28.

[167] Fry M. J.. Money and Capital or Financial Deepening in Economic Development. Journal of Money, Credit and Banking, 1978, 10 (4): 464-475.

[168] Fungáčová Z., Weill L.. Understanding Financial Inclusion in China. BOFIT Discussion Papers 10/2014, 2014.

[169] Galbis V.. Financial Intermediation and Economic Growth in Lessdeveloped Countries: A Theoretical Approach. Journal of Development Studies, 1977, 13 (2): 58-72.

[170] Garretsen H., Lensink R. and Sterken E.. Growth, Financial Development, Societal Norms and Legal Institutions, Journal of International Financial Markets, Institutions and Money, 2004, 14 (2): 165-183.

[171] Gaur A. S., Lu J. W.. Ownership Strategies and Survival of Foreign Subsidiaries: Impacys of Institutional Distance and Experience, Journal of Management, 2007, 33 (1): 84-110.

[172] Girma S., Shortland A.. The Political Economy of Financial Development, Oxford Economic Papers, 2008 (60): 567-595.

[173] Glaeser E. L., Shleifer A.. Legal Origins. The Quarterly Journal of Economics, 2002, 117 (4): 1193-1229.

[174] Goldsmith R. W.. Financial Structure and Development, New Haven, Yale University Press, 1969.

[175] Gradstein M., Milanovi B. and Ying Y.. Democracy and Income Equality: An Empirical Analysis. World Bank Research Working Paper No. 2561, 2001.

[176] Gries T., Meierrieksy D.. Institutional Quality and Financial Development in Sub – Saharan Africa. Working paper, 2010.

[177] Grootaert C., Bastelaer T. V.. Understanding and Measuring Social Capital: a Multidisciplinary Tool for Practitioners. Analysis, 2002, 65 (3): 13 –20.

[178] Gupta K. L.. Aggregate Savings, Financial Intermediation, and Interest Rate. Review of Economics and Statistics, 1987, 69 (2): 303 –311.

[179] Gupte R., Venkataramani B. and Gupta D.. Computation of Financial Inclusion Index for India. Social and Behavioral Sciences, 2012, (37): 133 –149.

[180] Gurley J. G., Shaw E. S.. Money in a Theory of Finance, Washington, DC: Brookings Institution, 1960.

[181] Hannig A., Jansen S.. Financial Inclusion and Financial Stability: Current Policy Issues. ADBI Working Paper Series No. 259, 2010.

[182] Hellmann T., Murdock K. and Stiglitz J.. Financial Restraint: Toward A New Paragigm. the Role of Government in East Asian Economic Development: Comparative Institutional Analysis, Aoki, M., Kim, H. K. and Okuno – Fujiwara M., eds., Oxford: Clarendon Press, 1997: 163 –207.

[183] Henisz W. J.. The Institutional Environment for Economic Growth. Economics Politics, 2000, 12 (1): 1 –31.

[184] Herger N., Hodler R. and Lobsiger M.. What Determines Fi-

nancial Development? Culture, Institutions or Trade. Review of World Economics, 2008, 144: 558 –587.

[185] Hermes N., Lensink R. and Mehrteab H. T.. Peer Monitoring, Social Ties and Moral Hazard in Group Lending Programs Evidence from Eritrea. The Journal of World Development, 2005, 33 (1): 149 –169.

[186] Hong H., Kubik J. D. and Stein J. C.. Social Interaction and Stock Market Participation. Journal of Finance, 2004, 59 (1), 137 –163.

[187] Honohan P.. Financial Development, Growth and Poverty: How Close are the Links? . World Bank Policy Research working paper, No. 3203, 2004.

[188] Honohan P.. Cross-country Variation in Household Access to Financial Services. Journal of Banking and Finance, 2008, 32 (11): 2493 –2500.

[189] Honohan P.. Household Financial Assets in the Process of Development. Policy Research Working Paper No. 3965. World Bank, 2006.

[190] Huang Y. The Political Economy of Financial Reform: Are Abiad and Mody right? Journal of Applied Econometrics, 2009, 24 (7), 1207 –1213.

[191] Huang Y., Temple J.. Does External Trade Promote Financial Development, Bristol Economics Discussion Paper 05/575, 2005.

[192] Huang Y.. Political Institutions and Financial Development: an Empirical Study. World Development, 2010, 38 (12): 1667 –1677.

[193] Imbs J. Growth and Volatility. Journal of Monetary Economics, 2007, 54 (7): 1848 –1862.

[194] Jeanneney G. S., Kpodar K.. Financial Development and Poverty Reduction: Can There be a BENEfit without a Cost? . IMF Working Paper WP/08/62. IMF African Department, 2008.

[195] Jeanneney G. S., Kpodar K.. Financial Development, Fi-

nancial Instability and Poverty. Working Paper, CSAE WPS/2005 - 09, University of Auvergne, 2005.

[196] Johnson S., Mcmillan J., Woodruff C., Property Rights and Finance. American Economic Review, 2002, 92 (5): 1335 - 1356.

[197] Kanatas G., Stefanadis C., Culture, Financial Development, and Economic Growth. SSRN Working paper, 2005.

[198] Kapoor A. Financial Inclusion and the Future of the Indian Economy. Futures, 2013 (10): 35 - 42.

[199] Kapur B. K.. Alternative Stabilization Policies for Less-Developed Economies. Journal of Political Economy, 1976, 84 (4): 777 - 795.

[200] Karpowicz I., Financial Inclusion, Growth and Inequality: A Model Application to Colombia, IMF Working Paper WP/14/166, 2014.

[201] Kaufmann D., Kraay A., Mastruzzi M.. Governance Matters Ⅷ Aggregate and Individual Governance Indicators. World Bank Policy Research Working Paper No 4978, 2009.

[202] Keefer P.. Beyond Legal Origin and Checks and Balances: Political Credibility, Citizen Information, and Financial Sector Development. Policy Research Working Paper, 2007: 1 - 39 (39).

[203] Kempson E., Whyley C. Foundation J. R.. Kept Out or Opted Out? Understanding and Combating Financial Exclusion. Bristol Policy Press, 2014.

[204] Knack, S. and Keefer P.. Institutions and Economic Performance: Cross-country Tests Using Alternative Institutional Measures, Economics and Politics, 1995, 7 (3): 207 - 227.

[205] Kose M. A., Prasad E. S., Terrones M. E.. How do Trade and Financial Integration Affect the Relationship between Growth and Volatility?. Journal of International Economics, 2006, 69 (1): 176 - 202.

[206] Kunčič A. . Institutional Quality Dataset. Journal of Institutional Economics, 2014, 10 (1): 135 - 161.

[207] La Porta R. , Lopez-De-Silanes F. Shleifer A. , and Robert W. V. Investor Protection and Corporate Finance. Journal of Financial Economics, 2000, 58: 3 - 27.

[208] La Porta R. , Lopez-De-Silanes F. , and Shleifer A. , What Works in Securities Laws. Journal of Finance, 2006, 61 (1): 1 - 32.

[209] La Porta R. , Lopez-de-Silanes F. , Shleifer A. , Vishny R. . Investor Protection and Corporate Governance. Journal of Financial Economics, 2000, 58: 3 - 27.

[210] La Porta R. , Lopez-de-Silanes F. , Shleifer A. , Vishny R. . Law and Finance. Journal of Political Economy, 1998, 106: 1113 - 1155.

[211] La Porta R. , Lopez-de-Silanes F. , Shleifer A. , Vishny R. . The Quality of Government. Journal of Law. Economics and Organization, 1999, 15 (1): 222 - 279.

[212] La Porta R. , Lopez-de-Silanes F. , Zamarripa G. . Related Lending. Quarterly Journal of Economics, 2003, 118 (1): 231 - 268.

[213] La Porta, R. , Lopez-de-Silanes F. , Shleifer A. , and Vishny R. W. Legal Determinants of External Finance. Journal of Finance, 1997, 52 (3): 1131 - 1150.

[214] Laeven, L. , Majnoni, G. . Does Judicial Efficiency Lower the Cost of Credit? . World Bank Working Paper, NO. 3159, 2003.

[215] Law S. H. and Azman-Saini W. N. W. The Quality of Institutions and Financial Development, MPRA Paper No. 12107, 2008.

[216] Law S. H. , Azman-Saini W. N. W. . Institutions Quality, governance, and Financial Development, Economics of Governance, 2012, 13 (3): 217 - 236.

[217] Law S. H. . Trade Openness, Capital Flows and Financial De-

velopment in Developing Economies. International Economic Journal, 2009, 23 (3): 409 -426.

[218] Le T. H., Kim J., Lee M.. Institutional Quality, Trade Openness, and Financial Sector Development in Asia: An Empirical Investigation. Emerging Markets Finance Trade, 2016, 52 (5): 1047 -1059.

[219] Leblang D.. To Defe nd or to Devalue: the Political Economy of Exchange Rate Policy. Intemational Studies Quarterly, 2003, 47: 533 - 559.

[220] Levine R.. Bank-based or Market-based Financial Systems: Which Is Better? Journal of Financial Intermediation, 2002, 11 (4): 398 -428.

[221] Levine R.. Finance and Growth: Theory and Evidence. NBER working paper No. 10766, 2004.

[222] Levine R.. Financial Development and Economic Growth: Views and Agenda. Journal of Economic Literature, 1997, 35 (3): 688 - 726.

[223] Leyshon A., Thrift N.. Geographies of Financial Exclusion: Financial Abandonment in Britain and the United States, Transactions of the Institute of British Geographers, New Series, 1995, 20 (3): 312 -41.

[224] Marcelin I., Mathur I.. Financial Development, Institutions and Banks, International Review of Financial Analysis, 2014 (31), 25 - 33.

[225] Mathieson D. J.. Financial Reform and Stabilization Policy in a Developing Economy. Journal of Development Economics, 1980, 7 (3): 359 -395.

[226] McKinnon R. I. and Huw P.. Credible Economic Liberalizations and Overborrowing. American Economic Review, 1997, 87 (2): 189 -93.

[227] McNulty, J. E. , Harper J. T. and Pennathur A. K. . Financial Intermediation and the Rule of Law in the Transitional Economies of Central and Eastern Europe. Quarterly Review of Economics and Finance, 2007 (47): 55 –68.

[228] Menard C. , Shirley M. M. . The Future of New Institutional Economics from Early Intuitions to a New Paradigm? . Journal of Institutional Economics, 2014 (4): 541 –565.

[229] Merton R. C. , Bodie Z. . A Framework for Analyzing the Financial Environment, the Global Financial System: A Functional Perspective, MA: Harvard Business School Press, 1995.

[230] Merton R. C. , Bodie Z. . Deposit Insurance Reform: A Functional Approach. Carnegie Rochester Conference Series on Public Policy, 1993, (1) 38: 1 –34.

[231] Mishkin F. S. . Globalization and Financial Development. Journal of Development Economics, 2009, 89 (2): 164 –169.

[232] Mohan R. . Economic Growth, Financial Deepening and Financial Inclusion. Address at the Annual Bankers' Conference 2006, Hyderabad on November 3, 2006.

[233] Mukherjee D. , Dutta N. . Do Political Institutions and Culture Jointly Matter for Financial Development? A Cross – Country Panel Investigation. Global Economy Journal, 2013, 13 (2): 203 –232.

[234] Nathan H. S. K. , Mishra S. and Reddy B. S. . An Alternative Approach to Measure HDI. IGIDR Working Paper WP2008 –002, 2008.

[235] North D. C. . Institutions, Institutional Change and Economic Performance. Cambridge: Cambridge University Press, 1990.

[236] Norton S. W. . Economic Growth and Poverty: In Search of Trickle – Down. Cato Journal, 2002, 22 (2): 263 –275.

[237] Odhiambo N. M. . Finance-growth-poverty Nexus in South Afri-

ca: a Dynamic Causality Linkage. The Journal of Socio-Economics, 2009, 38: 320 – 325.

[238] Ostrom E.. Social Capital: a Fad or a Fundamental Concept. In: Dasgupta P, Serageldin I (eds) Social Capital: a Multifaceted Perspective. World Bank, Washington, 2000, 172 – 214.

[239] Pagano M., Volpin E.. The Political Economy of Finance. Oxford Review of Economic Policy, 2001, 17 (4): 502 – 519.

[240] Pallage S., Robe M. A.. On the Welfare Cost of Economic Fluctuations in Developing Countries. International Economic Review, 2003, 44 (2): 677 – 698.

[241] Park C., Mercado J. R. V.. Financial Inclusion, Poverty, and Income Inequality in Developing Asia. ADB Economics Working Paper Series No. 426, 2015.

[242] Putnam R.. Making Democracy Work Civic Traditions in Modern Italy, Princeton: Princeton University Press, 1993.

[243] Quartey P.. Financial Sector Development, Savings Mobilisation and Poverty Reduction in Ghana. UNU-WIDER Research Paper No. 2005/71, United Nations University, Helsinki, Finland, 2005.

[244] Rachdi H., Mensi S.. Does Institution Quality Matter for Financial Development and Economic Growth Nexus? Another Look at the Evidence from MENA Countries. Economic Research Forum Working Paper 705, 2012.

[245] Rajan R. G., Zingales L.. Financial Dependence and Growth. American Economic Review, 1998, 1 (88): 559 – 86.

[246] Rajan R. G., Zingales L.. The Great Reversals: The Politics of Financial Development in the Twentieth Century, Journal of Financial Economics, 2003, 69 (1): 5 – 50.

[247] Rangarajan Committee. Report of the Committee on Financial

Inclusion. Government of India, 2008.

[248] Rathore B. S.. Social Capital: Does it Matter in a Microfinance Contract?. International Journal of Social Economics, 2015, 42 (11): 1035 – 1046.

[249] Ravallion M., Chen S.. China's (Uneven) Progress Against Poverty. World Bank Policy Research Working Paper WPS3408, 2004.

[250] Roa M. J.. Can Financial Inclusion and Financial Stability Go Hand in Hand?. Economic Issues, 2016, 21 (2): 81 – 103.

[251] Roe M. J., Siegel J. I.. Political Instability: Effects on Financial Development, Roots in the Severity of Economic Inequality. Journal of Comparative Economics, 2011, 39 (3): 279 – 309.

[252] Roe M. J., Siegel J. I.. Political Instability's Impact on Financial Development. Public Choice, 2008, 87: 387 – 223.

[253] Roe M. J.. Legal Origins and Modern Stock Markets. Harvard Law Review, 2006, 120 (2): 460 – 527.

[254] Rogowski R., Macrae D. C.. Inequality and Institutions: What Theory, History, and (Some) Data Tell Us. Democracy, Inequality, and Representation, 2008: 354 – 86.

[255] Roodman D.. How to Do xtabond2: An Introduction to "Difference" and "System" GMM in Stata. Working Paper Number 103, The Center for Global Development, 2006.

[256] Sankharaj R., Ramananda S. H., Ranjit S.. Factors Affecting the Financial Inclusion of SHG Members: An Empirical Study in Tripura. IUP Journal of Bank Management, 2017, 16 (3): 59 – 83.

[257] Sarma M. and Pais J.. Financial Inclusion and Development. Journal of International Development, 2011 (23): 613 – 628.

[258] Sarma M. Index of Financial Inclusion. ICRIER Working Paper, 2008.

[259] Scott W. R.. Institutions and Organizations. Thousand Oaks, CA: Sage Publications, Inc, 1995.

[260] Seibel H.. How Values Create Value: Social Capital in Microfinance the Case of Philippines. Rural Finance, International Fund for Agricultural Development Working Paper No. B8, 2000.

[261] Sen K.. Towards Inclusive Financial Development For Achieving The MDGs in Asia and the Pacific. MPDD Working Papers WP/10/07, 2010.

[262] Shaw E.. Financial Deepening in Economic Development. Oxford: Oxford University Press, 1973.

[263] Shleifer A. and Vishny R.. The Grabbing Hand: Government Pathologies and Their Cures, Cambridge, MA: Harvard University Press, 1998.

[264] Shleifer A.. Government in Transition. European Economic Review, 1997, 41: 385-410.

[265] Stulz R. M., Williamson R.. Culture, Openness, and Finance. Journal of Financial Economics, 2003, 70 (3): 313-349.

[266] Swamy V.. Financial Inclusion, Gender Dimension, and Economic Impact on Poor Households. World Development, 2014, (56): 1-15.

[267] Tebaldi E., Mohan R.. Institutions and Poverty. Journal of Development Studies, 2010, 46 (6): 1047.

[268] Townsend R. M., Ueda K.. Financial deepening, inequality, and growth: a model-based quantitative evaluation. IMF Working Papers 03/193, 2003.

[269] Ustrom E.. Understanding institutional Diversity. Princeton University Press, 2005.

[270] Windmeijer F.. A Finite Sample Correction for the Variance of

Linear Efficient Two Step GMM Estimators. Journal of Econometrics, 2005, 126 (1): 25 -51.

[271] World Bank. Financial Inclusion. The 2014 Global Financial Development Report, 2014.

[272] Yorulmz R.. Construction of a Regional Financial Inclusion Index in Turkey. Journal of BRSA Banking and Financial Markets, 2013, 7 (1): 79 -101.

后　记

2014 年我的第一本著作《金融发展与贫困减缓：路径、效应与政策启示》在多方的帮助下，由经济科学出版社出版。在这本著作中，我尝试性地探索了金融发展影响贫困减缓的机理，并对其效应进行阐述，为金融发展理论做出了些许贡献。随着理论和实践的推进，包容性金融发展以更鲜明的方式诠释了其对贫困减缓的作用。但是包容性金融发展却存在着明显的地区差异，这一原因是什么？在我国的效应如何？随着改革的深入，我国不同地区的制度环境也存在着差异，这对包容性金融发展减缓贫困的作用有何影响？这些都是值得深入思考的问题。

当我将这些问题与恩师孙刚教授不断探讨后，终于提笔将点滴思考凝聚，终成文章。因此，本书是我对金融发展与减贫问题的进一步思索。在本书写作过程中，经常会有困惑。非常感谢我的恩师一直的指导与帮助，恩师的儒雅、无私、博学，使我深受鼓舞，更是我今后学习和工作中的榜样。感谢我的师弟张欣博士、陈克兢博士给予的帮助，感谢我的学生幺芳鑫、刘雪婧的支持。感谢我的同事、朋友给予的关心与交流。感谢参考文献的作者，使本书能有着众多的研究基础，并使我能继续对该领域的研究做出一点工作。感谢我的家人和亲人的理解和支持，让我有了不断克服困难的勇气。特别以此文感谢我的孩子，让这一切更有意义。

感谢教育部人文社会科学研究青年基金项目（14YJC790020）、

中国博士后科学基金资助项目（2014M560199）的资助。同时，本书也是辽宁省“百千万人才工程”培养经费资助项目（辽百千万立项【2015】70号）、辽宁省博士科研启动基金（201601276）和大连市支持高层次人才创新创业项目（2015R086）的阶段成果之一。感谢中国财政经济出版社为本书的编校付出的辛勤的劳动，使本书得以出版。由于作者水平有限，本书必定存在诸多不足之处，敬请专家和读者给予善意的批评指正。

崔艳娟

2017年11月